Biblioteca de derecho Penal y Procesal Penal

Carlos Pérez Del Valle

(director)

Justo Edward Nieves Chero

Daniel Armando Pisfil Flores

Carlos Antonio Agurto Gonzáles

Sonia Lidia Quequejana Mamani

(coordinadores generales)

Francesco Carnelutti

LAS MISERIAS DEL PROCESO PENAL

Ediciones Olejnik

Título: Las Miserias del Proceso Penal

Francesco Carnelutti, 2017

Ediciones Olejnik
Huérfanos 611, Santiago-Chile
E-mail: contacto@edicionesolejnik.com
Web site: http://www.edicionesolejnik.com

ISBN: 978-956-392-002-4

Diseño de carátula: Ena Zuñiga

Diagramación: Hayden Méndez. yiset_mendez@hotmail.com

Impreso en Argentina 2017 Printed in Argentina

PREFACIO

La Voz de San Jorge *parte del Centro de cultura y civilidad de la Fundación Giorgio Cini*, que tiene su sede en Venecia, ciudad maravillosa, en esa isla situada frente a la placeta de San Marcos, y al Palacio Ducal, que las arquitecturas de Buora, de Palladio y de Longhena, hoy resurgidas en su antiguo esplendor, han circundado de tanta maravilla.

El Centro se propone hacer servir la cultura a la civilidad o sea, en sencillas palabras, el saber a la bondad. Debería ser este el destino del saber; pero no siempre las cosas van como deberían ir. También el saber, para poner un ejemplo, como la energía atómica, puede servir al bien o al mal, a hacer que los hombres lleguen a ser más malos o más buenos, a hacer levantar la cabeza en acto de soberbia o a hacerla inclinar en acto de humildad.

Lo que, a tal objeto, se debería hacer este año es razonar algo en torno al proceso penal. Un tema científico, a primera vista, poco a propósito para una conversación con el gran público, el cual, especialmente en la radio, tiene ganas de divertirse. Pero aquí está precisamente el nudo de la cuestión, en tema de civilidad. Divertirse quiere decir escapar de la vida cotidiana, la cual es tan monótona, tan difícil, tan amarga, que hace que resulte irresistible la necesidad de evasión. No estoy fuera de la realidad hasta el extremo de no reconocer, e incluso de no experimentar, esta modesta necesidad. Pero existe otra salida para evadirse, además de la diversión. Es la salida opuesta; y dice el proverbio que los extremos se tocan. Esta salida es el recogimiento. Al fin y al cabo no hay evasión más completa que la plegaria, que es la forma exquisita del recogimiento. Mucha gente no lo sabe porque no prueba. Pero quienes han probado el consuelo de la plegaria, saben lo que se ha de pensar respecto de la diversión y del recogimiento.

Un poco en todos los tiempos, pero en la época actual cada vez más interesa el proceso penal a la opinión pública. Los diarios ocupan una buena parte de sus páginas con la crónica de los delitos y los procesos. Quien los lee, tiene incluso la impresión de que, en este mundo, se produzcan muchos más delitos que buenas acciones. Lo que ocurre es que los delitos se asemejan a las amapolas, que cuando hay una en un campo, todos se dan cuenta de ella; y las buenas acciones se ocultan, como las violetas, entre la yerba del prado. Si los diarios se ocupan con tanta asiduidad de los delitos y de los procesos penales, es porque la gente se interesa mucho por ellos; sobre los procesos penales llamados célebres, se lanza ávidamente la curiosidad del público. Y es también esta una forma de diversión; se evade de la propia vida ocupándose de la vida de los demás; y la ocupación no es nunca tan intensa como cuando la vida de los demás asume el aspecto del drama. Lo malo es que se asiste al proceso de la misma manera en que se goza del espectáculo en el cinematógrafo, el cual, por lo demás, finge con mucha frecuencia tanto el delito como el correspondiente proceso. Pero puesto que la actitud del público respecto de los protagonistas del drama penal es la misma que tenía en un tiempo la multitud frente a los gladiadores que combatían en el circo, y tiene todavía, en ciertos países del mundo, frente a las corridas de toros, el proceso penal no es, desgraciadamente, otra cosa que una escuela de incivilidad.

Lo que con estos coloquios se desearía es hacer del proceso penal un motivo de recogimiento en lugar de serlo de diversión. No vale oponer a esto que en torno a ese proceso se reúnen los hombres de ciencia; y que nada tienen que hacer los hombres de la calle. Los juristas, es cierto, lo estudian y aun lo deberían estudiar todavía mejor para conseguir que su mecanismo, delicado como ningún otro, se perfeccione; es este un problema con mucha más semejanza de la que pueda creerse respecto de los problemas de mecánica que resuelven los ingenieros; y también de esa semejanza debería darse cuenta la gente. Pero puesto que también los hombres de la calle se interesan en el proceso penal, resulta necesario que no lo confundan con un espectáculo cinematográfico, al cual se asiste para conseguir emociones. Pocos aspectos de la vida social afectan tanto como este a la civilidad.

No es la primera vez que me ocurre advertir que la civilidad (con palabras muy simples que rara vez se leen en los libros, pues los hombres desgraciadamente son y quieren ser aún más, en cambio, terriblemente complicados) no es otra cosa sino capacidad de los hombres de amarse y, por eso, de vivir en paz. Ahora bien, el proceso penal es una piedra de toque de la civilidad no solo porque el delito, con tintas más o menos fuertes, es el drama de la enemistad y de la discordia, sino porque representa la relación entre quien lo ha cometido, o se dice que lo ha cometido y aquellos que asisten a él. A propósito de los ejemplos, recordados hace un momento es necesario reflexionar en torno a lo que ocurría en las gradas del Circo Máximo, en tiempos de Roma, o que ocurre todavía en las de las plazas de toros de España, de México, o de Perú. Pensaba en ello un día de septiembre pasado, durante la proyección de una película mexicana, en la cual estaba admirablemente recogido el estado de ánimo del público embrutecido contra el torero porque no demostraba un suficiente desprecio del peligro; ¿quién era más bestial, el público o el toro? Aquella actitud no se puede explicar sino mediante una separación entre quien asiste y quien actúa, de tal manera que el gladiador, más que un hombre, es considerado una cosa. Considerar al hombre como una cosa: ¿puede haber una fórmula más expresiva de la incivilidad? Sin embargo, es lo que ocurre, desgraciadamente, nueve de cada diez veces en el proceso penal. En la mejor de las hipótesis, los que se van a ver, encerrados en la jaula como los animales en el jardín zoológico, parecen hombres ficticios más bien que hombres verdaderos. Y si alguno se da cuenta de que son hombres verdaderos, le parece que se trata de hombres de otra raza o, podríamos decir, de otro mundo. Este que así piensa no recuerda, cuando siente así, la parábola del publicano y del fariseo, y no sospecha que su mentalidad es propiamente la del fariseo: yo no soy como este.

Lo que se necesita, en cambio, para merecer el título de hombre civil, es invertir tal actitud solo cuando lleguemos a decir, sinceramente, yo soy como este, entonces seremos verdaderamente dignos de la civilidad. Para intentar provocar esta inversión, trataremos juntos de comprender lo que es un proceso penal. Al obrar así, yo no hago, después de todo, más que recorrer de nuevo mi camino. También yo, como la mayor parte de vosotros, cuando era niño, sentía la curiosidad, ya que no fuese verdaderamente apasionado, por este espectáculo. Os contaré, al respecto, dentro de poco un episodio. En la Universidad, sin embargo una serie de circunstancias de las cuales he comprendido más tarde el propicio designio, me desviaron del derecho penal hacia el derecho civil. Así, durante largos años, yo he sido más bien un civilista que un penalista; también mi actividad científica se ha desarrollado más ampliamente en el terreno del derecho civil. Pero había subsistido en mí una atracción secreta hacia el derecho y el proceso penal. Existía una especie de corriente subterránea, que al llegar a un cierto punto, ha salido a la superficie de la tierra. Estaría fuera de lugar el recordar con detalle las ocasiones que la vida me ofreció: es un hecho que, un día, de la cátedra del proceso civil he pasado a la del derecho y después a la del proceso penal. Y ha ocurrido lo mismo que ocurre en una montaña cuando, después de un largo camino encajonado entre las rocas, se alcanza la cima y se abre por fin ante los ojos el panorama iluminado por el sol.

¿Se asombra alguno por este parangón? ¿No está el derecho penal en el valle más bien que en la cima? ¿No es el derecho de la sombra más bien que el derecho del sol? La verdad es que, según una admirable intuición de San Pablo, nosotros miramos las cosas en el espejo y, por eso, las vemos invertidas. El derecho penal, sí, es el derecho de la sombra; pero es necesario atravesar la sombra para llegar a la luz. Al menos a mí me ha ocurrido así. Cada uno hace su camino; y el camino, como el rostro de cada uno, es diverso del camino de los otros. Yo, mientras me he dedicado a tratar con los denominados hombres de bien, me he considerado un hombre de bien; y no he dado un paso hacia la cima. Ha sido el conocimiento de los bribones el que me ha hecho conocer que no soy en absoluto mejor que ellos y que estos no son en absoluto peores que yo; y era lo que se necesitaba, para un hombre como yo, más bien inclinado al orgullo si no propiamente a la soberbia. Quiero decir que también yo he estado por mucho tiempo en las gradas del circo mirando de arriba abajo a los gladiadores como si no fueran mis hermanos. Si los que están allí en medio arriesgando la vida, fuesen nuestros hermanos, ¿no es cierto que se correría hacia ellos para dividirlos y para salvarlos? No podría decir con precisión cómo haya ocurrido el que, poco a poco, de extraños se hayan convertido en hermanos. Pero, en definitiva, eso ha ocurrido, y es lo que importa. Desde aquel día se ha abierto ante mí un magnífico panorama, iluminado por el sol.

Ciertamente, yo no me hago ilusiones en torno a la eficacia de mis palabras. Pero no olvido que, según la enseñanza de aquel sensacional filósofo que todos deberíamos ver en

Cristo, aun queriendo considerarlo solamente como hijo del hombre, las palabras son semillas. Aun cuando con el gramo mío se mezcle desgraciadamente mucha cizaña, alguno de estos gramos puede ser capaz de germinar. Por eso, sin presunción pero con devoción, lo siembro. No pretendo que la cosecha me remunere con ciento, ni con sesenta, ni con treinta por uno. Aun cuando uno solo de los gramos germinase, no habría sembrado en vano.

ÍNDICE GENERAL

PÁG.

I

LA TOGA

Lo primero que impresiona a quien se asoma a un aula en la que se debate un proceso penal, es que ciertos hombres, que allí actúan, visten un uniforme, una "divisa". Esta ha sido la primera impresión de la justicia, todavía en los años de mi infancia, cuando, acompañado a presentar un cierto cortejo desde las ventanas del palacio donde tiene su sede la Corte de apelación de Florencia, en la vía Cavour, vi salir de una sala un magistrado con toga, y quedé con la boca abierta.

¿Por qué los magistrados y los abogados llevan la toga? No parece un vestido de trabajo, como lo es para los médicos la bata blanca. Por lo que respecta a lo que tienen que hacer, jueces y defensores podrían no cambiarse o no cubrir el vestido ordinario. Hay, en efecto, países en los cuales la toga no se usa; lo mismo ocurre entre nosotros en cuanto a los grados inferiores de la jerarquía judicial. Entonces ¿de qué se trata? ¿Solo de un obsequio a la tradición? Pero, la tradición, ¿por qué se ha establecido?

Yo creo que la respuesta puede venir de la misma palabra. Ciertamente, como he dicho, la toga es una "divisa", como la de los militares, con la diferencia de que los magistrados y los abogados la llevan solamente de servicio, y hasta en ciertos actos del servicio particularmente solemnes; en Francia, y, sobre todo, en Inglaterra, donde la tradición se observa más estrictamente, un abogado la debe llevar siempre dentro del palacio de justicia.

Me pregunto por qué el traje de los militares se llama "divisa". Divisa viene, manifiestamente, de *dividir*; ¿qué tiene que ver con el traje militar la idea de la división? La sorpresa se desvanece inmediatamente si al verbo *dividir* se sustituye otro, muy afín, *discernir* o *distinguir*. Hay necesidad de separar a los militares de los civiles, ¿no es cierto? La "divisa" es el signo de la autoridad.

Tenía razón para decir que la observación de las palabras nos habría orientado inmediatamente; en el aula de justicia se ejercita, por excelencia, la autoridad; se comprende que los que la ejercitan hayan de distinguirse de aquellos sobre los cuales se ejercitan. Es la misma razón por la cual también los sacerdotes visten una "divisa"; y, todavía más, cuando celebran las funciones litúrgicas, se endosan las vestiduras sagradas.

La "divisa" se llama también *uniforme*. El significado de esta otra palabra parece contradecir, sin embargo, al de la primera, puesto que alude a una unión en lugar de a una división. Pero son, en el fondo, dos significados complementarios: la toga, verdaderamente, como el traje militar, desune y une; separa a los magistrados y a los abogados de los profanos para unirlos entre sí. Unión que, observemos bien, tiene un grandísimo valor.

Unión de los jueces entre sí, en primer lugar. El juez, como se sabe, no es siempre un hombre solo; a menudo, para las causas más graves, está formado por un colegio; sin embargo, se dice "el juez", también cuando los jueces son más de uno, precisamente porque se unen uno con otro, como las notas que emite un instrumento se funden en los acordes. La toga de los magistrados no es, pues, solamente el signo de la autoridad sino también el de la unión; o sea el signo del vínculo que los liga conjuntamente. Hay en el fondo de esto una idea coral, que hace el ambiente todavía más solemne. Si vemos, por ejemplo, la corte de casación en secciones unidas, donde actúan, togados, al menos quince magistrados, nos viene a la mente una reunión de frailes, cuando cantan las completas o los maitines, encuadrados en los bancos del coro. Quien sepa cómo opera la justicia colegiada, no encontrará demasiado atrevida esta imagen del acuerdo y del coro.

El concepto del uniforme sirve todavía más para aclarar la razón por la cual visten la toga no solamente los jueces sino también el ministerio público y los abogados. Dentro de poco trataremos de comprender la necesidad de estas otras figuras al lado de los jueces; de todas maneras es bien sabido por todos que no pertenecen a aquellos que juzgan sino que, por el contrario, también ellos son juzgados: el acusador y el defensor oyen que se les dice, al final, por el juez, si han tenido razón o no; ¿no es esto ser juzgados? Están ellos, pues, respecto del juez, al otro lado de la barricada. Se diría, pues, si la toga es el signo de la autoridad, que no la deberían usar; y, además, si es el signo de la unión, ¿por qué mientras el acuerdo reina entre los jueces, el desacuerdo, en cambio, no solo divide sino que debe dividir al acusador del defensor? En una palabra, mientras el juez está allí para imponer la paz, el ministerio público y los abogados están para hacer la guerra. Precisamente, en el proceso, es necesario hacer la guerra para garantizar la paz. Ahora bien, esta fórmula puede tener un cierto sabor de paradoja; pero llegará el momento en que podremos apreciar la verdad de ella. La toga del acusador y del defensor significa, pues, que lo que hacen es hecho en servicio de la autoridad; en apariencia están divididos, pero en la realidad están unidos en el esfuerzo que cada uno realiza para alcanzar la justicia.

En conjunto, estos hombres en toga dan al proceso, y especialmente al proceso penal, un aspecto solemne. Si la solemnidad resulta oscurecida, como desgraciadamente ocurre no pocas veces, por negligencia de los abogados y de los propios magistrados, que no respetan como deberían la disciplina, ello redunda en menoscabo de la civilidad. En el tribunal se debería estar con igual recogimiento que en la Iglesia. Los antiguos han reconocido un carácter sagrado al imputado porque, decían, estaba consagrado a la vindicta de los dioses; tenían así ellos la intuición de una verdad profunda. El juicio, el verdadero, el justo juicio, el juicio que no falla está solamente en las manos de Dios. Si los hombres, sin embargo, se encuentran en la necesidad de juzgar, deben tener al menos la conciencia de que hacen, cuando juzgan, las veces de Dios. La afinidad entre el juez y el sacerdote no resulta desconocida ni siquiera para los ateos, que hablan a este respecto de un sacerdocio civil.

La toga, sin duda, invita al recogimiento. Desgraciadamente hoy en día, y cada vez más, bajo este aspecto, la función judicial se encuentra amenazada por los peligros opuestos de la indiferencia o del clamor: indiferencia en cuanto a los procesos minúsculos, clamor en cuanto a los procesos célebres. En aquellos, la toga parece un arnés inútil; en estos se asemeja, desgraciadamente, a un disfraz teatral. La publicidad del proceso penal, la cual responde no solo a la idea del control popular sobre el modo de administrar la justicia sino también y más profunda-mente a su valor educativo, ha degenerado desgracia-damente en una ocasión de desorden. No solamente el público que llena las aulas hasta un límite inverosímil, sino también la intervención de la prensa, que precede y sigue el proceso con indiscretas imprudencias y no raras veces impudencias, contra las cuales nadie osa reaccionar, han destruido toda posibilidad de recogimiento para aquellos a los cuales incumbe, el tremendo deber de acusar, de defender, de juzgar. Las togas de los magistrados y de los abogados se pierden actualmente entre la multitud. Son cada vez más raros los jueces que tienen la severidad necesaria para reprimir este desorden.

Hace casi cincuenta años, celebrándose en Venecia un juicio por homicidio, sobre el cual convergía la morbosa curiosidad de todo el mundo, en el aula de la Corte de Assises, inverosímilmente abarrotada, cuando se levantó para ser interrogada, emergiendo de la jaula su estupenda figura, María Nicolaevna Tarnovskij, y un centenar de señoras, que llenaban los lugares reservados, puestas a su vez en pie, dirigieron sobre ellas sus "impertinentes" y sus gemelos. Angelo Fusinato, presidente insigne, exclamó con indignación contenida: "mañana este espectáculo incivil no se repetirá ya". Más que las medidas que él supo tomar e inflexiblemente mantener durante el largo curso del proceso, recuerdo ahora, como las oí pronunciar, sus memorables palabras: "¡este espectáculo incivil!". Era el mismo presidente, el que no toleraba que un abogado se comportase en el hablar, en el vestir, en el gesto, de modo no conforme a la dignidad de su oficio y, por otra parte, cuando se dio cuenta, decidiendo una causa civil, haber cometido un error, no tuvo tranquilidad hasta el momento en que le fue posible hacer de ello pública rectificación. He aquí un magistrado, el cual había comprendido el valor que tiene el proceso penal para la civilidad de un pueblo. Los abogados de Venecia, para celebrar su ejemplo de firmeza, de dignidad, de abnegación, han ornado con su busto el gran atrio superior de la Corte de apelación, y yo he querido recordar ahora su figura casi como para colocar bajo su protección lo que estoy diciendo en torno a esta más alta experiencia de civilidad, que debería ser el proceso penal.

II

EL PRESO

A la solemnidad, por no decir a la majestad de los hombres en toga, se contrapone el hombre en la jaula. No olvidaré nunca la impresión que ello me produjo la primera vez en que, adolescente apenas, entré en el aula de una sección penal del Tribunal de Turín. Aquellos, podría decirse, por encima del nivel del hombre; este, por bajo de ese nivel, encerrado en la jaula, como un animal peligroso. Solo, pequeño, aunque sea de estatura elevada, perdido, aun cuando trate de aparecer desenvuelto, necesitado, necesitado, necesitado, [...]

Cada uno de nosotros tiene sus preferencias, aun en materia de compasión. Los hombres son diversos entre sí incluso en el modo de sentir la caridad. También este es un aspecto de nuestra insuficiencia. Los hay que conciben al pobre con la figura del hambriento, otros con la del vagabundo, otros con la del enfermo; para mí, el más pobre de todos los pobres es el preso, el encarcelado.

Digo el encarcelado, obsérvese bien, no el delincuente. Digo el encarcelado, como lo ha dicho el Señor, en aquel famoso discurso referido en el capítulo vigesimoquinto del Evangelio de San Mateo, que ha ejercido sobre mí una fascinación incalculable; y hasta ayer, podría decirse, he creído que preso se dijese como sinónimo de delincuente, pero me equivocaba y la equivocación ha sido uno de los tantos episodios, aptos para demostrar que nunca se meditan bastante los discursos de Jesús.

El delincuente mientras no está preso, es otra cosa. Confieso que el delincuente me repugna; en ciertos casos me produce horror. Entre otras cosas, a mí, el delito, el gran delito, me ha ocurrido verlo, al menos una vez, con mis propios ojos; los que reñían parecían dos panteras; he quedado absolutamente horrorizado; y, sin embargo, bastó que yo viese a uno de los dos hombres que había derribado al otro con un golpe mortal, mientras los carabineros que acudieron providencialmente, le ponían las esposas, para que del horror naciese la compasión: la verdad es que, apenas esposado, la fiera se ha convertido en un hombre.

Las esposas, también las esposas son un emblema del derecho; quizá, pensándolo bien, el más auténtico de sus emblemas, todavía más expresivo que la balanza y la espada. Es necesario que el derecho nos sujete las manos. Y precisamente las esposas sirven para descubrir el valor del hombre, que es, según un gran filósofo italiano, la razón y la función del derecho. *Quidquid latet apparebit*, repite él a este respecto con el *Dies irae*: todo lo que está oculto, saldrá a la luz. Lo que estaba oculto, la mañana en que vi a uno de los hombres lanzarse contra el otro, bajo las apariencias de la fiera, era el hombre; tan pronto como le apretaron las muñecas con las cadenas, el hombre reapareció: el hombre, como yo, con su mal y con su bien, con sus sombras y con sus luces, con su incomparable riqueza y con su miseria espantosa. Entonces nació, del horror, la compasión.

¿No me he dejado arrastrar ahora por la literatura, al hablar, a propósito del delincuente, de mal y de bien, de sombra y de luz, de miseria y de riqueza? Me han censurado muchas veces, incluso últimamente, con ocasión de una desdichada batalla por la abolición del ergástulo, una cosa que alguno define como una ingenuidad. ¡Ojalá que lo fuese! La verdad es que Francisco, precisamente porque ha interpretado a Cristo mejor que ningún otro, ha llegado más al fondo que ningún otro en el abismo del problema penal. Francisco, solo Francisco ha comprendido, al besar al leproso, lo que había querido decir Jesús con la invitación a visitar a los presos. Los sabios, que continúan considerando la pena, según una fórmula famosa, como un mal que se hace sufrir al delincuente por el mal que él ha hecho sufrir, ignoran u olvidan lo que Cristo ha dicho a propósito del demonio que no sirve para expulsar al demonio: no es con el mal con lo que se puede vencer el mal. Ya VIRGILIO, antes de que descendiese sobre los hombres la luz de Cristo, había cantado: *omnia vincit amor*, el amor solamente es siempre victorioso. No se puede hacer una neta división de los hombres en buenos y malos. Desgraciadamente nuestra corta visión no permite apreciar un germen de mal en aquellos que se llaman buenos, y un germen de bien en aquellos que se llaman malos. Y esta visión tan corta depende de que nuestro intelecto no está iluminado por el amor. Basta tratar al delincuente en lugar de como una bestia, como un hombre para apreciar en él la incierta llama del pabilo humeante, que la pena en vez de apagar debe reavivar.

Pocas veces he visto una expresión tan torva como la de un homicida al que defendí hace años ante una Corte de Assises de la extrema Calabria: había matado a dos hombres, premeditadamente, disparándoles por la espalda dos tiros de pistola; no vi en aquel rostro, sombreado por una cabellera de azabache, ni siquiera un albor de luz. Defendía, juntamente con él, también a su hermano, imputado de haberlo instigado a matar. En el coloquio que tuve con él, apenas llegué allá abajo tuve que decirle que desgraciadamente para él no había esperanza que a lo más se podía intentar, con las atenuantes genéricas, convertir el ergástulo en treinta años de reclusión. Él me escuchó impasible; después dijo: "no se ocupe de mí, abogado; no importa; yo soy un hombre perdido; piense en salvar a mi hermano, que tiene nueve criaturas". Entonces, un rayo de amor iluminó su frente. ¿No era su riqueza aquel amor fraterno que le hacía olvidar incluso su tremendo destino?

La verdad es que el germen del bien, en cada uno de nosotros, y no en los delincuentes solamente, está aprisionado. Hay quien tiene más y quien tiene menos, pero ninguno de nosotros tiene todo el espacio que debería tener. Todos, en una palabra, estamos en prisión; una prisión que no se ve, pero que no se puede dejar de sentir. Esa angustia del hombre, que constituye el motivo de una corriente de la filosofía moderna, de gran notoriedad y de indiscutible importancia, no es otra cosa que el sentido de la prisión. Cada uno de nosotros está aprisionado mientras está encerrado en sí mismo, en la solicitud por sí mismo, en el amor de sí mismo. El delito no es otra cosa que una explosión de egoísmo en su raíz: lo otro no cuenta; lo que cuenta, solamente, es el sí mismo. Solamente abriéndose hacia nosotros el hombre puede salir de la prisión. Y basta que se abra hacia nosotros para que entre por la puerta abierta la gracia de Dios.

Quidquid latet apparebit, canta el *Diest irae*. Pocas intuiciones son más felices que la del filósofo, que ha expresado con este verso la eficacia del derecho. La jaula, o las esposas, decíamos, son una enseña del derecho y por eso revelan la naturaleza y la desventura del hombre. El hombre encadenado o el hombre encerrado en una jaula es la verdad del hombre; el derecho no hace más que revelarla. Cada uno de nosotros está encerrado en una jaula que no se ve. Nosotros no nos asemejamos a los animales porque estemos en la jaula, sino que estamos en una jaula porque nos asemejamos a los animales. Ser hombre no quiere decir no ser, sino poder no ser animal. Esta potencia es la potencia de amar.

¿Quién habría imaginado estas cosas cuando vi, todavía niño, un hombre enjaulado, en el aula oscura del Tribunal de Turín? ¿Quién habría imaginado que el espectáculo de aquel hombre en la jaula no había de olvidarlo ya? Es curioso que ciertos hechos, que parecen insignificantes, inciden indeleblemente en la cinta de nuestra memoria, es un hecho que todavía hoy, después de haber visto tantos, el hombre encarcelado tiene para mí una fascinación misteriosa. Es esta la experiencia que me ha abierto la vía de la salvación.

III

EL ABOGADO

Carlo Majno, que es hoy uno de los mejores abogados en Milán y que fue, en aquella Universidad, uno de mis discípulos más queridos, me donó, precisamente el día en que yo abandonaba la cátedra de Milán por la de Roma, un bellísimo dibujo a lápiz del pintor Mentessi, que representa las manos de un preso, sujetas por las esposas. Mentessi no tenía ciertamente una experiencia particular del problema penal; sin embargo, aquel dibujo demuestra lo clarividentes que son las intuiciones de un artista: una de las manos, la izquierda, cae hacia abajo, inerte, en acto de desaliento; la otra, sobrepuesta, vuelve la palma en alto, como la del pobre, que demanda la caridad. Está toda la psicología del preso en aquel pequeño cuadro.

La fortuna mía ha sido que yo haya visto tantas veces, en el curso de la vida, tenderse hacia mí aquella mano abierta, en espera de la limosna. La gente se figura al abogado como un técnico, al cual se pide una obra, que quien la solicita no sería capaz de realizar por sí; se lo figura en el mismo plano del médico o del ingeniero; también esto es verdad, pero no es toda la verdad; el resto de ella se descubre, sobre todo, por la experiencia del preso.

El preso es, esencialmente un necesitado. La escala de los necesitados ha sido trazada en aquel discurso de

Cristo, al cual he tenido ya ocasión de hacer alusión, referido en el capítulo vigesimoquinto de San Mateo: hambrientos, sedientos, desnudos, vagabundos, enfermos, presos; una escala que conduce de la esencial necesidad física o, mejor, animal, a la necesidad esencialmente espiritual: el preso no tiene necesidad de alimento ni de vestidos, ni de casa ni de medicinas; la única medicina, para él, es la amistad. La gente no sabe, y ni siquiera lo saben los juristas, que lo que se pide al abogado es la limosna de la amistad, antes que cualquiera otra cosa.

El nombre mismo del abogado suena como un grito de ayuda. *Advocatus*, *vocatus ad*, llamado a socorrer. También el médico es llamado a socorrer; pero si solamente al abogado se le da este nombre, quiere decir que entre la prestación del médico y la prestación del abogado existe una diferencia, la cual, no advertida por el derecho, es sin embargo, descubierta por la exquisita intuición del lenguaje. Abogado es aquel al cual se pide, en primer término la forma esencial de la ayuda, que es, propiamente, la amistad.

Y también la otra palabra, *cliente*, que sirve para denominar a aquel que solicita la ayuda, refuerza esta interpretación: el cliente, en la sociedad romana, pedía protección al *patrono*; también al abogado se le llama patrono, y la derivación de patrono de la palabra *pater* proyecta sobre la relación la luz del amor.

Lo que atormenta al cliente y lo impulsa a pedir ayuda es la enemistad. Ya las causas civiles, pero sobre todo las causas penales, son fenómenos de enemistad. La enemistad ocasiona un sufrimiento o, al menos, un daño como ciertos males, los cuales, y tanto más cuando no son descubiertos por el dolor, miran el organismo; por eso, de la enemistad surge la necesidad de la amistad; la dialéctica de la vida es así. La forma elemental de la ayuda, para quien se encuentra en guerra, es la alianza. El concepto de la alianza es la raíz de la abogacía.

El imputado siente tener la aversión de mucha gente contra él; alguna vez, en las causas más graves, le parece que contra él está todo el mundo. No es raro que, mientras lo trasladan a la audiencia, sea acogido por la multitud con un coro de imprecaciones; no es raro que exploten contra él actos de violencia, contra los que no resulta fácil protegerlo. ¿Os imagináis el estado de ánimo de Catalina Fort que, cuando se presentó ante los jueces, todos la llamaban la fiera? Es necesario no solo pensar en estos casos sino tratar de meterse en el pellejo de estos desgraciados para comprender su espantosa soledad y, con esta, su necesidad de compañía. Compañeros, de *cum pane*, es aquel que parte con nosotros el pan. El com-pañero se sitúa en el mismo plano de aquel a quien hace compañía. La necesidad del cliente, especialmente del imputado, es esta: la de uno que se coloque junto a él, en el último peldaño de la escala.

La esencia, la dificultad, la nobleza de la abogacía es esta: situarse en el último peldaño de la escala, junto al imputado. La gente no comprende aquello que, por lo demás, tampoco los juristas comprenden; y ríe, y se burla, y escarnece. No es un oficio que goce de los favores del público, el del Cirineo. Las razones por las cuales la abogacía es objeto, aun en el campo literario e incluso en el campo litúrgico, de una difusa antipatía, no son otras que esta. Y hasta MANZONI, cuando ha tenido que retratar a un abogado, ha perdido su bonhomía y la Iglesia ha dejado introducir en el Himno a San Ivo, patrón de los abogados, un verso injurioso. Las cosas más simples son las más difíciles de comprender.

Digámoslo con claridad: la experiencia del abogado cae bajo el signo de la humillación. Es cierto que viste la toga; colabora, desde luego, en la administración de la justicia; pero su puesto está abajo, y no en alto. Él comparte con el imputado la necesidad de pedir y de ser juzgado. Está sujeto al juez como lo está el imputado.

Pero precisamente por esto la abogacía es un ejercicio espiritual saludable. Pesa el deber pedir, pero es provechoso. Habitúa a rogar. ¿Qué otra cosa es, más que un pedir, la plegaria? La soberbia es el verdadero obstáculo a la plegaria; y la soberbia es una ilusión de potencia. No hay otra cosa mejor que la abogacía para curarnos de tal ilusión. El más grande de los abogados sabe que no puede hacer nada frente al más pequeño de los jueces; a menudo, el más pequeño de los jueces es aquel que lo humilla más. Está constreñido a llamar a la puerta como un pobre. Y ni siquiera está escrito sobre la puerta: *pulsate et aperietur vobis*. No pocas veces se llama en vano. La experiencia se hace más dolorosa y más saludable. Se creía tener razón; se había estudiado tanto, se había sudado tanto; en cambio [...] Es necesario conocer estos momentos para comprender.

Los romanos dominaban la actividad del abogado en el proceso con el verbo *postular*. Dicen los diccionarios que este verbo significa pedir aquello que hay derecho a tener. Y es esto lo que agrava el peso del pedir. No debería haber necesidad de pedir aquello que hay derecho a tener. En conclusión, es necesario someter el juicio propio al ajeno, aun cuando todo permita creer que no haya razón para atribuir a otro una mayor capacidad de juzgar.

Esto significa, en el plano social, colocarse junto al imputado en el último peldaño de la escala; un sacrificio; pero no existe sacrificio sin beneficio. Por esto he dicho que nuestra experiencia es saludable. El beneficio se tiene cuando se comienza a percibir, en la oscuridad, la llamita del pabilo humeante. Un beneficio, como ocurre siempre en las cosas del espíritu, que al mismo tiempo se da y se recibe: si aquella llamita se reaviva, su calor no calienta solamente el alma del cliente sino la del patrono al mismo tiempo. Por el poco bien que yo haya podido hacer a alguno de estos desgraciados, ha sido inmenso el beneficio que he recibido de ellos; del Señor, se entiende, pero por medio de ellos; por eso, porque el Señor ha dicho que cuanto se da a ellos es recibido por Él, los pobres son los delegados de Dios.

El preso, la gente no lo sabe y menos aún lo sabe él, está hambriento y sediento de amor. La necesidad de amistad procede de su desolación. Cuanto más grande es la desolación, más profunda y fecunda es la necesidad de amistad. Inconscientemente él pide lo que es indispensable a fin de que el defensor pueda cumplir con su oficio. Lo que el defensor debe poseer, ante todo, a tal fin, es el conocimiento del imputado; no, como el médico, el conocimiento físico, sino el conocimiento espiritual.

Conocer el espíritu de un hombre quiere decir conocer su historia; y conocer una historia no es solamente conocer la sucesión de los hechos, sino encontrar el hilo que los vincula. En este sentido, la historia es una reconstrucción lógica, no una exposición cronológica de los acontecimientos. Todo esto no es posible si el protagonista no abre, poco a poco, su alma. Este tipo de protagonistas, que son los delincuentes, tienen, por definición, almas cerradas. Al mismo tiempo en que solicitan la amistad, oponen la desconfianza y la sospecha. Impregnados de odio, ven el odio aun donde no existe más que amor. Son como animales selváticos, que solo con infinita delicadeza y paciencia se pueden domesticar.

Alguno dirá que yo veo así la abogacía bajo el perfil de la poesía. Puede ocurrir. La poesía de su oficio es algo que un abogado siente en dos momentos de la vida: cuando viste por primera vez la toga o cuando, si propiamente no la ha depuesto, está, por deponerla: en el alba y en el ocaso. En el alba, defender la inocencia, hacer valer el derecho, hacer triunfar la justicia: esta es la poesía. Después, poco a poco, caen las ilusiones, como las hojas del árbol, después del fulgor del estío; pero a través de la maraña de las ramas, cada vez más desnudas, sonríe el azul del cielo. Ahora no estoy ya seguro ni de haber defendido la inocencia ni de haber hecho valer el derecho ni de haber hecho triunfar la justicia; y, sin embargo, si el Señor me hiciese nacer de nuevo, comenzaría otra vez. No obstante los fracasos, las amarguras, los desengaños, el balance es activo; si hago el análisis de él, me doy cuenta de que la partida capaz de colmar todas las deficiencias consiste precisamente en aquella humillación de deberme encontrar, junto a tantos desgraciados, contra los cuales se desencadena el vituperio y se encarniza el desprecio, en el último peldaño de la escala.

IV

EL JUEZ Y LAS PARTES

En lo más alto de la escala está el juez. No existe un oficio más alto que el suyo ni una dignidad más imponente. Está colocado, en el aula, sobre la cátedra; y merece esta superioridad.

El lenguaje de los juristas celebra al juez con una palabra, acerca de cuyo profundo significado los juristas mismos, y tanto más los filósofos, deberían detener, más de lo que la detienen, la atención. Nosotros decimos que ante el juez están las *partes*. Se denomina partes a los sujetos de un contrato: por ejemplo, al vendedor y al comprador, al arrendador y al arrendatario, al socio y al otro socio; e igualmente a los sujetos de una litis: el acreedor, que quiere hacerse pagar, y el deudor que no quiere pagar; el propietario que quiere la entrega de su casa, y el inquilino que quiere continuar habitándola; y, finalmente, se denomina también así a los sujetos del contradictorio, o sea de aquella disputa que se desarrolla entre los dos defensores en los procesos civiles o entre el ministerio público y el defensor en los procesos penales. Estos, todos ellos, se denominan así porque están divididos, y la parte procede, precisamente, de la división: cada uno tiene un interés opuesto al del otro; el vendedor querría entregar poca mercadería e ingresar en caja mucho dinero, mientras el comprador quiere exactamente lo contrario; cada uno de los socios querría tomar la parte del león; de los dos defensores, si uno de ellos vence, el otro pierde; y cada uno de ellos echa el agua hacia su molino.

Los juristas utilizan por esto el nombre de parte, pero el significado de parte es mucho más profundo; en la parte convergen el ser y el no ser; cada parte es *ella misma y no es la otra parte*. Pero, si es así, todas las cosas y todos los hombres son partes; una rosa es una rosa y no es una violeta; un caballo es un caballo y no es un buey; yo soy yo y no soy tú. Y este descubrimiento de ser el hombre no otra cosa que una parte tiene inestimable valor; por eso, los filósofos deberían conceder mayor crédito al lenguaje de los juristas y prestarle mayor atención.

Así pues, si aquellos que están ante el juez para ser juzgados por partes, quiere decir que el juez no es parte. En efecto, los juristas dicen que el juez está *super partes*; por eso, el juez está en alto y el imputado en bajo, por bajo de él; el uno en la jaula, el otro sobre la cátedra. Igualmente, el defensor está abajo, respecto del juez; por el contrario, si el ministerio público está a su lado, esto constituye un error, que mediante una mayor conciencia en torno a la mecánica del proceso se terminará por rectificar. El juez, sin embargo, es un hombre también él; si es un hombre es también él una parte. Esto de ser al mismo tiempo parte y no parte constituye la contradicción en la cual se debate el concepto de juez. Esto de ser el juez un hombre y de deber ser más que un hombre, constituye su drama.

Un drama representado con insuperable maestría en el Evangelio de San Juan; y todavía estoy asombrado cuando me vuelve a la memoria aquella sublime representación de que Benedetto Croce, aunque sea desde el punto de vista puramente estético, haya comprendido tan poco su grandeza hasta el punto de haberlo denominado un "cuadrito delicioso". "Jesús fue después al Monte de los Olivos, pero al alba estaba en el templo, y todo el pueblo acudía a Él; y Él se sentó y le enseñaba. Entonces los escribas y los fariseos le presentaron una mujer sorprendida en adulterio; y poniéndola en medio, le dicen a Él: esta mujer ha sido sorprendida en el momento de cometer adulterio. Ahora bien, Moisés, en la ley, nos ha ordenado que tales mujeres sean lapidadas. ¿Qué dices Tú de ello? Y le preguntaban esto para ponerlo a prueba y tener el modo de acusarlo. Pero Jesús se inclinó y con el dedo se puso a escribir sobre la tierra. Insistiendo aquellos en interrogarlo, se alzó, respondiendo: quien de vosotros esté libre de pecado que tire la primera piedra" (San Juan, VIII, 1).

Es lo suficiente para quedar sin aliento. ¡"Quien de vosotros esté libre de pecado que tire la primera piedra"! Es necesario, para sentirse dignos de castigar, estar libres de pecado; solamente entonces el juez está sobre aquel que es juzgado. Y puesto que el pecado no es otra cosa que nuestro *no ser aquellos que deberíamos ser*, es necesario ser plenamente, sin deficiencias, sin sombras, sin lagunas; en suma, es necesario no ser partes para ser jueces. ¡Nada de cuadrito delicioso! El problema del juez, el más arduo problema del derecho y del Estado, está planteado aquí con una claridad espantosa.

Ciertamente, así lo entendieron los escribas y los fariseos, que habían intentado confundir al Maestro, ya que el Evangelio continúa narrando que Jesús "de nuevo se inclinó y escribía en la tierra". Esperaba Él, absorto, el efecto de sus palabras. Entonces, escribas y fariseos, "se fueron marchando uno tras otro comenzando por los más viejos, hasta los últimos, y quedó solo Jesús y la mujer, que estaba en el medio" (San Juan, VIII, 8).

Ningún hombre, si pensase en lo que es necesario para juzgar a otro hombre, aceptaría ser juez. Y, sin embargo, es necesario encontrar jueces. El drama del derecho es este. Un drama que debería estar presente a todos, de los jueces a los justiciables, en el acto en que se celebra el proceso. El crucifijo que, gracias a Dios, en las aulas judiciales, pende todavía sobre la cabeza de los jueces y que todavía sería mejor que se hubiese puesto frente a ellos, a fin de que puedan posar con frecuencia su mirada en él, está para significar su indignidad; es, no otra cosa, la imagen de la víctima más insigne de la justicia humana. Solo la conciencia de su indignidad puede ayudar al juez a ser menos indignos.

La ley ha intentado todos los expedientes posibles para garantizar la dignidad del juez. El más obvio entre estos consiste en el juicio colegiado: puesto que el juzgar a otro hombre exige que quien juzga sea más que quien es juzgado, lo hace juzgar por varios hombres reunidos. A primera vista, el expediente parece ilusorio; una dignidad no se obtiene con la suma de varias indignidades. Pero lo cierto es que una cosa ha de considerarse la suma de varios jueces, y otra su unidad; no se trata, en el colegio, de añadir un juez a otro como los sumandos de una adición; sino de *vertere plures in unum*, diríamos en latín, esto es, de hacerlos convertirse en uno solo.

Está de por medio el misterioso concepto del *acuerdo* o del *acorde*, clave en la música y clave del derecho: misterioso porque todavía no sabemos, y quizá no lo sepamos nunca, cómo puede ocurrir que cuando entre dos hombres se produce verdaderamente la unión y, por tanto, se forma la unidad, se comunica a cada uno el ser del otro, pero no el no ser, el bien pero no el mal. Puede parecer que la asociación para delinquir desmienta esta afirmación; pero reflexionando uno se da cuenta de que si los delincuentes son mantenidos juntos por el miedo, se trata de una falsa unión, como sería la de un haz de varas atadas juntamente, que no forman en absoluto una vara sola; o hay entre ellos afecto, y este es en todo caso un germen del bien, el cual puede siempre encontrarse envuelto y oculto bajo la corteza del mal.

El principio del colegio judicial es verdaderamente un remedio contra la insuficiencia del juez, en el sentido de que, si no la elimina, al menos la reduce en otras palabras, el juez colegiado está menos lejos que el juez singular de lo que el juez debería ser; pero a condición de que el juez alcance su unidad o sea de que entre los jueces singulares se establezca el acuerdo, que no significa tanto identidad de opiniones cuanto paridad de tensión hacia la verdad.

Se ha tocado así la raíz del problema. La justicia humana no puede ser más que una justicia parcial; su humanidad no puede dejar de resolverse en su parcialidad. Todo lo que se puede hacer es tratar de disminuir esta parcialidad. El problema del derecho y el problema del juez son una misma cosa. ¿Cómo puede hacer el juez para ser mejor de lo que es? La única vía que le está abierta a tal fin es la de sentir su miseria: es necesario sentirse pequeños para ser grandes. Es necesario formarse un alma de niño para poder entrar en el reino de los cielos. Es necesario, cada día más, recuperar el don del asombro. Es necesario asistir, cada mañana, con más profunda emoción a la salida del sol, y cada tarde a su ocaso. Es necesario sentirse, cada noche, aniquilados, por la infinita belleza del cielo estrellado. Es necesario permanecer atónitos ante el perfume de un jazmín o ante el canto de un ruiseñor. Es necesario caer de rodillas ante cada manifestación de este indecible prodigio que es la vida.

Otros dirán que el juez, para ser juez, debe realizar ciertos estudios, superar ciertos exámenes, someterse a ciertos controles. Sobre todo, hoy se enseña que, para ser juez penal, es necesario estudiar, además del derecho, la sociología, la antropología, la psicología. Ciertamente, son estudios útiles e incluso necesarios; pero no suficientes. Ante todo no se debe creer que se pueda poner sobre la mesa anatómica, como se pone el cuerpo también el alma humana. No se debe confundir el espíritu con el cerebro. Ciertamente, el espíritu está condicionado por el cuerpo y viceversa; en particular, la psicología es la ciencia que estudia estas relaciones, pero más allá de estas, se encuentra el campo que el juez debe, sobre todo, conocer; y mucho me temo que a su conocimiento no ayuden ni las universidades, ni los institutos complementarios. Narra una fábula, que he aprendido en una revista argentina, que a las protestas de los ángeles por la creación de este ser absurdo, medio ángel y medio bestia, que es el hombre, el Creador ha contestado: *el hombre no es cuestión para congresos de filosofía*; el hombre no es cuestión que se pueda discutir en estos congresos; y habría agregado: *el hombre es cuestión de fe en el hombre*. Desde que tuve ocasión de leerlas, hace años, no se me han ido de la mente estas palabras.

Podría decirse también que es cuestión de fe en el hombre la cuestión penal. Pero la fe en el hombre se adquiere solamente amando al hombre. Más que leer muchos libros, yo querría que los jueces conocieran muchos hombres; si fuese posible, sobre todo, santos y canallas; los que están en lo más alto o sobre el peldaño más bajo de la escala. Parecen inmensamente distantes; pero en el terreno del espíritu suceden cosas extrañas. Se necesita muy poco para convertirse de canalla en santo: ¡Cristo, con el ejemplo del ladrón crucificado, nos lo ha enseñado! En cualquier caso, basta que el canalla se avergüence de ser canalla; y puede también bastar que un santo se vanaglorie de ser santo para perder la santidad. Estas son, verdaderamente, las cosas esenciales; pero no se encuentra en ningún manual de psicología. Más bien se aprenden en la iglesia o en la penitenciaría. Es curiosa también esta aproximación, ¿no es cierto? Entre iglesia y penitenciaría; algo así como poner juntos el infierno y el paraíso? Pero el error, el tremendo error, está en creer que aquellos que se encuentran encerrados en la penitenciaría estén dañados.

V

PARCIALIDAD DEL DEFENSOR

Se ha dicho: un hombre, para ser juez, debería ser más que un hombre. Y se ha visto que, en el fondo, es precisamente tal idea la que inspira aquella forma de corrección de la insuficiencia del juez que es el colegio judicial. Pero no es este el único remedio que la experiencia ha sugerido.

Para comprender es necesario partir de la parcialidad del hombre. Todo hombre, hemos dicho, es una parte. Precisamente por esto ningún hombre llega a apoderarse de la verdad. Aquella que cada uno de nosotros cree la verdad, no es más que un aspecto de la verdad; algo así como una minúscula faceta de un diamante maravilloso. Es lo que Cristo nos ha enseñado diciendo: "Yo soy la verdad"; alcanzar la verdad es alcanzarlo a Él; y a Él, amándolo, nos podemos acercar sin fin; pero alcanzarlo no, porque Él es infinito. La verdad es como la luz o como el silencio, que comprenden todos los colores y todos los sonidos; pero la física ha demostrado que nuestro ojo no ve y nuestro oído no oye más que un breve segmento de la gama de los colores o de los sonidos; más acá y más allá de nuestra capacidad sensoria existen los infracolores y los ultracolores así como los infrasonidos y los ultrasonidos.

Así se explica un modo de decir, el cual, para quien quiere comprender este importantísimo hecho social que es el proceso, tiene una importancia de primer plano. El juez, cuando juzga, establece quién tiene razón; esto quiere decir; de qué parte está la razón. La cual razón es, y no puede ser más que una, como la verdad; también, en ese sentido son equivalentes razón y verdad. Pero ¿cómo se explica, entonces, si la razón es una sola, que, precisamente en el proceso, cada una de las partes exponga *sus razones*? Las que el ministerio público y el defensor exponen, cuando discuten, son las razones por las cuales el primero pide la condena y el segundo la absolución. ¿Cómo se concilia la unidad de la razón con la pluralidad de las razones? ¿Cómo puede ocurrir que de quien termina por no tener razón se pueda decir que ha expuesto sus razones?

La verdad es que, acudiendo de nuevo al parangón, la razón se descompone en las razones como la luz se descompone en los colores y el silencio en los sonidos. Del mismo modo que no podemos afrontar toda la luz ni gozar todo el silencio, así tampoco podemos apoderarnos de toda la razón. Las razones son aquella fracción de verdad que a cada uno de nosotros nos parece haber alcanzado. Cuantas más razones se expongan tanto más será posible que, juntándolas, uno se aproxime a la verdad.

En el fondo, cuando el juez entra a juzgar, se encuentra ante una duda: ¿este es culpable o es inocente? También *duda* es una palabra transparente: *dubium* viene de *duo*. Una doble vía se abre ante el juez: de acá o de allá. El juez debe escoger. Pero a fin de escoger debe recorrer uno u otro camino, ya que de otro modo no podría ver adónde van a dar. Ahora bien, se comprende para qué sirve, para el juez, el defensor; y por qué frente al defensor, se coloca al acusador; son los que guían al juez a lo largo de los dos caminos, a fin de que pueda escoger uno de ellos.

Acusador y defensor son, en último análisis, dos razonadores: construyen y exponen las razones. Su oficio es razonar. Pero un razonar, con licencias, de pie forzado. Un razonar en modo diverso del razonar del juez. No es quizá muy fácil de comprender; pero si no se comprende esto, tampoco se comprende el proceso; y no basta que comprendan los juristas, porque este es el punto respecto del cual los profanos pueden tener en torno al proceso impresiones falaces y nocivas para la civilidad. Razonar es, en palabras sencillas, exponer premisas y sacar consecuencias: el imputado ha confesado haber matado, así pues, él ha matado. En términos de lógica, primero vienen las premisas y después las consecuencias. Así procede el razonador imparcial. Pero el defensor no es un razonador imparcial. Y es esto lo que escandaliza a la gente. A pesar del escándalo, el defensor no es imparcial porque no debe serlo. Y porque no es imparcial el defensor, tampoco puede ser ni debe ser imparcial su adversario. La parcialidad de ellos es el precio que se debe pagar para obtener la imparcialidad del juez, que es, pues, el milagro del hombre, en cuanto, consiguiendo no ser parte, se supera a sí mismo. El defensor y el acusador deben buscar las premisas para llegar a una conclusión obligada.

Todo esto puede parecer absurdo. Y, sin embargo, la clave del proceso está aquí. Malo sería si el juez se contentase con razonar así: el imputado ha confesado haber matado. Por lo tanto, ha matado. Hay también casos en los cuales un hombre confiesa un delito que no ha cometido: hemos visto padres que se acusaban para salvar al hijo, y también hijos que se sometían al mismo sacrificio para salvar a su padre. Esto es tan cierto —y no por la sola razón que acabo de indicar— que incluso el Código Penal castiga a aquellos que denuncian contra la verdad ser culpables de un delito. Esto quiere decir que incluso cuando existen pruebas evidentes de la culpabilidad o de la inocencia, antes de condenar o de absolver es necesario continuar en la investigación hasta haber agotado todos los recursos. Pero para hacer esto, el juez debe ser ayudado; por sí solo, no lo lograría. Su ayudante natural es el defensor, este amigo del imputado, el cual, naturalmente, tiene el interés de buscar todas las razones que pueden servir para demostrar la inocencia de aquel. El defensor, pues, es y debe ser un razonador de pie forzado, esto es, un razonador parcial; un razonador que trae el agua a su molino.

Es claro, sin embargo, que de este modo, el defensor es un auxiliar precioso para el juez, pero también muy peligroso por razón de su parcialidad. ¿Y cómo se concibe que sea útil pero inocuo? Contraponiéndole aquel otro razonador parcial en sentido inverso, que se denomina ministerio público y que debería denominarse más exactamente acusador. En el ordenamiento actual del proceso penal el ministerio público no es esencialmente un acusador; por el contrario, se lo concibe, a diferencia del defensor, como un razonador imparcial; pero hay aquí un error de construcción de la máquina que también en cuanto a esto funciona mal; por lo demás, en nueve de cada diez veces, la lógica de las cosas arrastra al ministerio público a ser lo que debe ser: el antagonista del defensor.

Se desarrolla así, ante los ojos del juez, lo que los técnicos llaman el *contradictorio* y que es, realmente, un duelo; el duelo sirve al juez para superar la *duda*; a propósito de lo cual es interesante observar que también duelo, lo mismo que duda, viene de *duo*. En el duelo se personifica la duda; es como si en el cruce de las dos calles se batiesen dos valientes para arrastrar al juez hacia la una o hacia la otra. Las armas que se utilizan por estos para batirse son las razones. Defensor y acusador son dos esgrimistas, los cuales no es raro que realicen una mala esgrima, pero también a veces ofrecen a los entendidos un espectáculo excelente.

Incluso aquellos que no son entendidos, como ocurre en los torneos, terminan por apasionarse en este juego: esta es también, para el público, una de las más fuertes atracciones del proceso penal. Pero, digámoslo también, es una cosa que da al proceso penal el sabor del escándalo; y es precisamente por esto por lo que la gente disfruta. Y precisamente es por esto también por lo que los abogados adquieren fama de creadores de sofismas. En buena parte la sátira, que crece excepcionalmente lozana contra nosotros, se debe a una maligna interpretación de este fenómeno. No se comprende que si el abogado fuese un razonador imparcial, no solamente traicionaría su propio deber sino que estaría en contradicción con su razón de ser en el proceso, y el mecanismo de este resultaría desequilibrado.

Sin duda, esto de las dos verdades, la verdad de la defensa y la verdad de la acusación, es un escándalo; pero es un escándalo del cual tiene necesidad el juez a fin de que no sea un escándalo su juicio. Y esto no solo porque el juez tiene necesidad de que se le presenten todas las razones para encontrar la razón; y cuantas más se le presentan y más en apariencia parece que se complica, más en realidad se simplifica su cometido. Bajo este aspecto, el duelo entre defensor y acusador se asemeja al choque entre dos pedernales del cual salta la chispa. Las razones, como hemos dicho, son a la razón como los colores a la luz; las arengas, los informes del defensor y del acusador se asemejan a una rueda giratoria de colores; pero al girar velozmente los colores se funden en la luz. De cualquier manera, la ventaja que el juez obtiene de ello, no es solamente en orden a la inteligencia. La verdad es que el contradictorio le ayuda precisamente porque es un escándalo: el escándalo de la parcialidad, el escándalo de la discordia, el escándalo de la torre de Babel. La repugnancia por la parcialidad se convierte para el juez en la necesidad de superarla, o sea de superarse; y en esta necesidad está la salvación del juicio.

He aquí que esta tentativa de análisis del proceso penal en su momento técnicamente más delicado permite quizá apreciar un resultado, que tiene de por sí una cierta importancia para la civilidad. Se podría hablar, a este respecto, de rehabilitación de los abogados. La del abogado es quizá una de las figuras más discutidas en el cuadro social; se podría decir más atormentada. Entre otras cosas, nunca, ni siquiera en los momentos de mayor convulsión histórica, se ha propuesto la supresión de los médicos o de los ingenieros; pero de los abogados, sí. En alguna ocasión, hasta se ha llegado a suprimirlos; después han resurgido con rapidez. En el fondo, la protesta contra los abogados es la protesta contra la parcialidad del hombre. Mirándolo bien, ellos son los Cirineos de la sociedad: llevan la cruz por otro, y esta es su nobleza. Si me pidierais una divisa para la orden de los abogados, propondría el virgiliano *sic vos non vobis*; somos los que aramos el campo de la justicia y no recogemos su fruto.

VI

LAS PRUEBAS

El cometido del proceso penal está en saber si el imputado es inocente o culpable. Esto quiere decir, ante todo, si ha ocurrido o no ha ocurrido determinado hecho: ¿un hombre ha sido o no ha sido matado, una mujer ha sido o no ha sido violada, un documento ha sido o no ha sido falsificado, una joya ha sido o no ha sido sustraída?

Sería necesario saber, ante todo, qué es un hecho. Son palabras que se emplean intuitivamente; se las comprende de manera aproximativa; pero es necesario que nos detengamos a reflexionar sobre ellas. Un hecho es un trozo de historia; y la historia es el camino que recorren, desde el nacimiento hasta la muerte, los hombres y la humanidad. Un trozo de camino, pues. Pero del camino *que se ha hecho*, no del camino *que se puede hacer*. Saber si un hecho ha ocurrido o no, quiere decir *volver atrás*. Este volver atrás es lo que se llama hacer la historia.

No es un misterio que en el proceso, y no solamente en el proceso penal, se hace historia. Digo: no es un misterio para los juristas, los cuales desde hace mucho tiempo han puesto en él su atención; pero puede sorprender al hombre de la calle, al cual mi discurso está dirigido. Esto ocurre porque estamos habituados a considerar la historia de los pueblos, que es la gran historia; pero existe también la pequeña historia, la historia de los individuos; incluso no existiría aquella sin esta, de igual manera que no existiría la cuerda sin los hilos que en ella están arrollados. Cuando se habla de historia, el pensamiento vuela a las dificultades que se presentan para reconstruir el pasado; pero son, si se tiene en cuenta la medida, las mismas dificultades que se deben superar en el proceso.

Con esto de peor: el delito es un trozo de camino, del cual quien lo ha recorrido trata de destruir las huellas. Sucede lo contrario de lo que ocurre, normalmente, en cuanto al contrato: cuando una compra, y tanto más si la cosa tiene valor importante, conserva, por lo general mediante un documento, la prueba de haber comprado; cuando roba, destruye, lo mejor que puede, las pruebas de haber robado.

Las pruebas sirven, precisamente, para volver atrás, o sea para hacer o, mejor aún, para reconstruir la historia. ¿Cómo hace quien, habiendo caminado a través de los campos, quiere recorrer en sentido contrario el mismo camino? Sigue las huellas de su paso. Viene a la mente la figura del perro policía, el cual va olfateando acá y allá para seguir, por medio del olfato, el camino del malhechor perseguido. El trabajo del historiador es este. Un trabajo de habilidad y de paciencia, sobre todo, en el cual colaboran la policía, el ministerio público, el juez instructor, los jueces de la audiencia, los defensores, los peritos. Prescindiendo de la crónica de los diarios, los libros policíacos y el cinematógrafo, han apasionado, más que informado, al público respecto de este trabajo. La ventaja de esta literatura, bajo el aspecto de la civilidad, está en haber difundido la impresión, por no decir la experiencia, de las dificultades de la investigación, por razón de la falibilidad de las pruebas. El riesgo es el de equivocar el camino. Y el daño es grave, cuando se equivoca el camino, también cuando la historia se hace por medio de libros, porque aun cuando los historiadores no se den cuenta de ello y los filósofos, o al menos ciertos filósofos, lo nieguen, no se remontan los caminos recorridos sino para encontrar los caminos a recorrer; de cualquier manera, esto es tanto más manifiesto, cuando el pasado se reconstruye para determinar la suerte de un hombre.

Pero existe también el reverso de la medalla; ¡y qué reverso!

La culpa no es toda ella de la literatura policíaca, como puede comprenderse; esta literatura incluso puede ser un síntoma más bien que la causa de un fenómeno derivado de causas más profundas. Quizá estas se deberían buscar en aquella tendencia a la diversión, que tiene tanta parte en la crisis de la civilidad que estamos atravesando. En una palabra, es la historia misma que se convierte en medio de diversión. La crónica judicial y la literatura policíaca sirven, del mismo modo, de diversión a la vida cotidiana tan gris. Así, el descubrimiento del delito, de dolorosa necesidad social, se ha convertido en una especie de *sport*: la gente se apasiona lo mismo que por la búsqueda del tesoro; periodistas profesionales, periodistas diletantes, periodistas improvisados, no tanto colaboran cuanto hacen competencia a los oficiales de policía o a los jueces instructores; y, lo que es peor, hacen sus negocios. Cada delito desencadena una serie de investigaciones, de conjeturas, de informaciones, de indiscreciones. Policías y magistrados, de vigilantes se convierten en vigilados por grupos de voluntarios dispuestos a señalar cada uno de sus movimientos, a interpretar cada uno de sus gestos, a publicar cada una de sus palabras. Los testigos son olfateados como la liebre por el galgo. Después, a menudo, explotados, sugestionados, comprados. Los abogados son el blanco de los fotógrafos y de los periodistas. Y, con frecuencia, por desgracia, ni siquiera los magistrados logran oponer a este frenesí la resistencia que requeriría el ejercicio de su oficio austero.

Esta degeneración del proceso penal es uno de los síntomas más graves de la civilidad en crisis. Es incluso difícil representar todos los daños debidos a la falta de aquel recogimiento que a ningún otro cometido es tan necesario como a aquel que en el proceso penal se debe desarrollar. No el más grave pero desde luego el más llamativo es aquel que se refiere al respeto del imputado. La Constitución italiana ha proclamado solemnemente la necesidad de tal respeto declarando que el imputado no debe ser considerado culpable mientras no sea condenado por una sentencia definitiva. Pero esta es una de esas normas que sirven solamente para demostrar la buena fe de aquellos que la han elaborado; o, en otras palabras, la increíble capacidad de forjarse ilusiones de que están dotadas las revoluciones. Desgraciadamente, la justicia humana está hecha de tal manera que no solamente se hace sufrir a los hombres porque son culpables sino también para saber si son culpables o inocentes. Esta es, desgraciadamente, una necesidad, a la cual el proceso no se puede sustraer ni siquiera si su mecanismo fuese humanamente perfecto. San Agustín ha escrito a este respecto una de sus páginas inmortales; la tortura, en las formas más crueles, ha sido abolida, al menos en el papel; pero el proceso mismo es una tortura. Hasta cierto punto, he dicho, no se puede prescindir de ella; pero la denominada civilización moderna ha exagerado de un modo inverosímil e insoportable esta triste consecuencia del proceso. El hombre cuando sobre él recae la sospecha de haber cometido un delito, es dado *ad bestias*, como se decía en un tiempo de los condenados ofrecidos como pasto a las fieras. La fiera, la indomable e insaciable fiera, es la multitud. El artículo de la Constitución, que hace la ilusión de garantizar la incolumidad del imputado, es prácticamente inconciliable con aquel otro artículo que sanciona la libertad de prensa. Apenas ha surgido la sospecha, el imputado, su familia, su casa, su trabajo, son inquiridos, requeridos, examinados, desnudados, a la presencia de todo el mundo. El individuo, de esta manera, es convertido en pedazos. Y el individuo, recordémoslo, es el único valor que debería ser salvado por la civilidad.

Pero existe otro individuo en el centro del proceso penal junto al imputado: el testigo. Los juristas, fríamente, clasifican al testigo, junto con el documento, en la categoría de las pruebas, y hasta en una cierta categoría de las pruebas; esta frialdad suya es necesaria, como la del estudioso de anatomía que secciona el cadáver; pero ¡ay! Si se olvida, de que, mientras el documento es una cosa, el testigo es un hombre; un hombre con su cuerpo y con su alma, con sus intereses y con sus tentaciones, con sus recuerdos y con sus olvidos, con su ignorancia y con su cultura, con su valentía y con su miedo. Un hombre que el proceso coloca en una posición incómoda y peligrosa, sometido a una especie de requisición por utilidad pública, apartado de su negocio y de su paz, utilizado, exprimido, inquirido, convertido en objeto de sospecha. No conozco un aspecto de la técnica penal más preocupante que el que se refiere al examen y hasta, en general, al trato del testigo. También aquí, por lo demás, la exigencia técnica termina por resolverse en una exigencia moral: si la debiese resumir en una fórmula, colocaría en el mismo plano el *respeto al testigo y el respeto al imputado*. En el centro del proceso, en último análisis, no están tanto el imputado o el testigo cuanto el individuo. Todos saben que la prueba testimonial es la más falaz de todas las pruebas; la ley la rodea de muchas formalidades, que querrían prevenir los peligros; la ciencia jurídica llega hasta el punto de considerarla un mal necesario; la ciencia psicológica regula e inventa incluso instrumentos para su valoración o sea para discernir la verdad de la mentira; pero el mejor modo de garantizar el resultado ha sido y será siempre el de reconocer en el testigo un hombre y concederle el respeto que merece todo hombre.

Recientemente, un fino abogado, ginebrino, comentando aquel proceso de Digne, en Francia, por el asesinato de la familia Drummond, amargamente llamado por él *Kermesse judiciaire ou procès touristique*, al observar a los fotógrafos que, en el aula *juchés*, *perchés*, *debout*, *assis*, *accroupis* [...] *mitraillaient les témoins* se preguntaba cómo es posible que "la verdad salga a la superficie cuando el testigo es perseguido por los fotógrafos, rodeado, hasta tocarlo, por los periodistas, por los guardias, por los abogados" y concluía pensando profundamente: "no se abre ni el corazón ni el alma bajo el soplo de la multitud".

Sin embargo, la gente está persuadida de que, esta que produce tales fenómenos, sea una civilidad en progreso. Y se puede esperar, con confianza, que algún jurista o algún filósofo construya una magnífica teoría tanto del arte como de la historia *de masa*, sosteniendo que eso del historiador recogido, cauto, absorto en pesar las pruebas como el químico con sus balanzas y con sus probetas, es una figura de otros tiempos, cara solamente a la nostalgia de algún superviviente del siglo XIX, como este viejo jurista que trata de haceros conocer una verdad a cuyo descubrimiento ha dedicado toda la vida.

VII

EL JUEZ Y EL IMPUTADO

El juez —hemos dicho— es también él un historiador, con la sola diferencia entre la grande y la pequeña historia. Y puesto que la historia que el juez hace o, mejor, reconstruye es la pequeña historia, puede aparecer que su cometido resulte más fácil que el de reconstruir la historia grande. Yo me pregunto, sin embargo, si verdaderamente es más fácil manejar el microscopio que el telescopio: la diferencia entre el pueblo y el individuo ¿no es la diferencia entre el macrocosmos y el microcosmos? Es un aspecto de nuestra ceguera el de dar demasiada importancia a la distinción entre las cosas grandes y las pequeñas; después de todo, la experiencia del valor del átomo debería habernos desengañado.

De todos modos, el cometido histórico del juez no está solamente en reconstruir un hecho: cuando en un proceso por homicidio se ha establecido la certeza de que el imputado, con un tiro de pistola ha matado a un hombre, no se sabe todavía de él todo lo que es necesario saber para condenarlo. El homicidio no es solamente haber matado, sino haber *querido* matar. Esto quiere decir que el juez no debe limitar su investigación a los aspectos externos o sea a las relaciones del cuerpo del hombre con el resto del mundo, sino que debe descender, mediante su investigación, al alma de aquel hombre. Y cuando se dice alma o espíritu o psiquis, como hoy prefiere la gente culta, se alude a una región misteriosa de la cual no conseguimos hablar sino mediante metáforas. Es necesario ir con cautela en la investigación en este terreno. El peligro más grave es el de atribuir a otro el alma nuestra, o sea el de juzgar lo que él ha sentido, comprendido, querido, según lo que nosotros sentimos, comprendemos, queremos.

Ciertamente, no se puede juzgar de la intención más que a través de la acción, o sea de lo que el hombre hace. Pero de *todo lo que hace*, no de una parte solamente. La acción del hombre no es el acto singular, sino todos sus actos en conjunto. Aquí el concepto que nos puede orientar es el del *individuo*, precisamente porque expresa la idea de la indivisibilidad; individuo no quiere decir otra cosa que indivisible. Un hombre se denomina individuo para significar, en una palabra, que no se puede hacer su historia a trozos. Lo que el hombre ha querido no se puede conocer sino a través de lo que el hombre es; y lo que el hombre es se conoce solamente de toda su historia. El *yo* de cada uno de nosotros es un centro al cual se refieren y en el cual se unifican todos nuestros actos. Cada uno de nuestros actos se relaciona con este principio. Físicamente el acto puede ser considerado en sí; psicológicamente, no. La voluntad de un acto es el principio; y el principio no se encuentra sino al final de la historia de un hombre. Esto quiere decir, en una palabra, que cuando el juez ha reconstruido un hecho no ha recorrido más que la primera etapa del camino; más allá de esta etapa el camino prosigue, porque le queda por conocer la vida entera del imputado.

Esta verdad, que espero haber enunciado con bastante claridad, se encuentra actualmente reconocida por las leyes penales modernas. Hay un artículo en nuestro Código en el que se impone la obligación al juez de tener en cuenta "la conducta y la vida del reo, anterior al delito; la conducta contemporánea o subsiguiente al delito; las condiciones de vida individual, familiar y social del reo". Esta es una norma que conocen solamente los juristas; pero también el hombre de la calle la debe conocer, porque el hombre de la calle debe saber que la ley penal declara solemnemente el deber de realizar en el proceso una cosa que, por el contrario, no se hace ni se puede hacer. De esto debería resultar para él un escándalo; pero a fin de que los escándalos puedan beneficiar, deben ser conocidos. Este es precisamente el fin que la *Voz de San Jorge* se propone.

Lo que la ley quiere es precisamente que el juez haga, toda entera, la historia del imputado. Lo que supone, ante todo, que el juez tenga el tiempo y la paciencia de hacérsela contar por él; después deberá verificar el relato, pero entretanto debe conseguir que le hagan este relato. Basta enunciar tal necesidad para poner en claro la paradoja, e incluso el absurdo, del proceso penal. En realidad, el juez no tiene la paciencia, y si la tuviese no dispondría del tiempo necesario, para escuchar la historia del imputado ni siquiera en sus aspectos más importantes; y si la escuchase en cuanto a esos aspectos, todavía no habría escuchado la historia verdadera, porque la historia verdadera está formada también por las cosas pequeñas, las cuales, para el conocimiento de un hombre, cuentan mucho más que las grandes; he advertido ya, por lo demás que la diferencia entre lo grande y lo pequeño no es más que un efecto de la limitación de los sentidos y de la inteligencia del hombre.

Y tanto más es imposible el oficio de historiador, que la ley asigna al juez, en cuanto escuchar la historia del imputado exige, en primer lugar, que se supere su desconfianza, primera condición para un relato sincero; y la desconfianza no se vence más que con la amistad, la cual, entre el juez y el imputado, en la mayor parte de los casos, es un sueño. Si se agrega que el relato, naturalmente, debería ser objeto de comprobación, y que así la investigación asumiría en cada proceso dimensiones imponentes, es fácil concluir que el cometido histórico del juez penal, en cuanto se refiere al desenvolvimiento espiritual, que conduce al delito, es, en la mejor de las hipótesis, burdamente aproximativa.

No se ha de creer que el ambiente de los juristas haya permanecido insensible a este escándalo. Hace ya mucho tiempo que los juristas se han dado cuenta de que para el juicio penal es necesario, además de conocer el hecho, conocer al hombre; y conocer al hombre no es posible sin reconstruir su historia: la disposición que he recordado hace un momento ha sido introducida por mérito de la ciencia en el Código Penal italiano. Y se han dado cuenta además los juristas de que los medios de que dispone el juez para conocer al hombre son absolutamente inadecuados: por eso, últimamente se ha manifestado un movimiento dirigido a procurarle la ayuda de un experto en psicología. También este será, desde luego, un paso adelante, cuando se pueda dar; pero no se debe atribuir a la psicología capacidad y méritos mayores de los que ella posee. Los límites de la psicología son los límites de la ciencia, esto es, poco más o menos, los límites del análisis; aun cuando la materia haya sido removida hasta sus más íntimos rincones, no es de este modo como se puede captar el secreto de la vida; y el secreto del espíritu es el secreto de la vida. Todo lo que puede hacer el psicólogo es algo análogo a lo que hace el estudioso de anatomía sobre el cuerpo del hombre; pero el espíritu es, esencialmente, unidad. No el camino de la psicología, sino el de la amistad, puede conducir al hombre al corazón de otro hombre: y ese camino, desgraciadamente, le está cerrado al juez.

Estas cosas os las digo no para excitaros a despreciar el proceso penal y los hombres que han construido y que maniobran su dispositivo. Estos hombres han tenido y tienen todavía sus culpas, que no deben ser ocultadas, pero que tampoco se deben exagerar; sobre todo debemos reconocer que son pobres también ellos, como nosotros, y que las cosas perfectas nadie las sabe hacer. En el fondo, el escándalo no está en los hombres sino en las cosas. Es el proceso penal, en sí, la pobre cosa a la cual está asignado un cometido demasiado alto para poder ser cumplido. Esto no quiere decir que se pueda prescindir de él; pero si hemos de reconocer su necesidad, debe reconocerse igualmente su insuficiencia. En esto está verdaderamente una condición de la civilidad, la cual exige que se trate con respeto no solo al juez sino también al que ha de ser juzgado e incluso al condenado. Nos debemos contentar, desgraciadamente, con la historia del imputado, como el juez la puede hacer; pero no debemos fundar sobre ella nuestro juicio y, sobre todo, nuestro desprecio.

Tanto más que la historia del individuo, como el juez la puede hacer, por la naturaleza misma del proceso penal, es una historia irremediablemente incompleta. Un hombre es, desde luego, su historia: pero su historia está compuesta no solo por su pasado sino también por su futuro. Yo soy no solo lo que he sido sino también lo que seré. El presente es síntesis del pasado y del futuro.

Esto es tan cierto que el propio Código Penal quiere que el juez tenga en cuenta la conducta del reo tanto anterior como subsiguiente al delito. Pero el juez, forzosamente, debe detener la historia, si no en el momento del delito, en el momento del juicio: lo que viene después no lo puede tener en cuenta porque no lo puede adivinar; sin embargo, aun cuando ignorado, también el futuro es real. El juicio, para ser justo, debería tener en cuenta no solamente el mal que uno ha hecho, sino también el bien que hará; no solamente su capacidad para delinquir, sino también su capacidad para redimirse. Pero a fin de que este juicio, que para ser justo debe ser entero, pueda realizarse, debería hacerse después que el hombre ha terminado su vida. No se pueden obtener las sumas de un balance, diría un hombre de negocios, más que al fin del ejercicio. Tal es la razón por la cual el proceso de beatificación se hace por la Iglesia sobre el muerto, no sobre el vivo. Hay siempre tiempo, mientras se alienta, para que un canalla se convierta en santo o un santo en canalla: valga el ejemplo evangélico del ladrón crucificado. En cambio, al contrario de lo que ocurre con el proceso de beatificación, el proceso penal debe hacerse durante la vida. En la mejor de las hipótesis, no se puede atribuir al juicio que en él se pronuncia más que un valor provisional: este, por ahora, es un canalla a menos que [...] no se convierta en un santo; también el ladrón crucificado, mientras no lo han clavado en la cruz, mientras no ha pronunciado, ya agonizante, la sublime palabra del arrepentimiento, era un canalla; pero con aquella palabra ha rescatado toda su iniquidad.

Nos hemos entendido, así lo espero, sobre el valor de estas reflexiones mías a los fines de la civilidad. Yo no tengo la menor intención de desacreditar el proceso penal más allá de los límites en que su imperfección podría ser eliminada con un poco más de atención y de buena voluntad. Sin embargo, la civilidad exige que no se le atribuya un valor del que no tanto carece cuanto no puede llegar a tener. El imputado debería ser considerado con el mismo respeto que se concede al enfermo en manos del médico o del cirujano. Una tal equiparación entre el enfermo y el preso ha sido hecha por Jesús: no debemos olvidarnos de ello.

VIII

EL PASADO Y EL FUTURO EN EL PROCESO PENAL

Pero ¿por qué, pues, el juez hace historia? Aquello que ha sido, ha sido; *factum, infectum fieri nequit*, decían una vez; nadie puede hacer volver atrás el tiempo. Ninguno, ni siquiera Dios, ha dicho un día, en polémica conmigo, nada menos que un doctísimo religioso; y a mí me ha parecido una blasfemia, aun cuando inconsciente. Pero dejemos estar este tema porque, si volviéramos sobre él, se perdería el hilo del discurso. Agua pasada no mueve molino; una gran tentación emana de este proverbio: en absoluto la desesperación. ¿No hay, pues, remedio para el pasado? Si no fuese así ¿por qué se haría el proceso penal? Una oscura intuición ha llevado siempre a los hombres a creer que exista un remedio. El delito es un desorden y el proceso sirve para restaurar el orden; esta es la intuición. Pero ¿cómo se forma el orden en lugar del desorden?

La verdad intuida es que el remedio al pasado está en el futuro. No otra cosa que esta verdad intuida guía a los hombres a reconstruir la historia. En un tiempo esta intuición había encontrado su fórmula, cuando se decía que la historia es maestra de la vida. Actualmente no se dice ya; y parece un paso adelante en el camino del saber. También el camino del saber, como todos los caminos que conducen hacia lo alto, tiene sus falsos planos y sus trayectos en descenso; es cierto que habiendo perdido, por decir así, el contacto entre el pasado y el futuro, nos hemos alejado, más que aproximado, de la cima. Quizá uno de los caracteres de la crisis es precisamente este, que denominaría el desinterés por el futuro. Incluso ha habido un filósofo, venerado por los italianos y no solamente por ellos, que ha negado al hombre la posibilidad de prever. Pocas responsabilidades de la filosofía son más graves que esta. La ceguera de estos pretendidos conductores de hombres, los cuales no saben que el único problema del hombre es el problema del futuro, hace venir a la mente las palabras del Evangelio: "¿cómo puede un ciego guiar a otro ciego, sin que uno y otro se precipiten en el foso?". El hombre no tiene otro modo para resolver el problema del futuro más que el de mirar al pasado; solamente la contemplación del pasado puede permitirle captar, como en un espejo, el secreto del futuro. Si estos hubiesen sabido desmontar, como hace un mecánico con una máquina, el prodigioso mecanismo del pensamiento, habrían comprendido, al menos, cuál es la virtud de la memoria, custodio del pasado, desde el cual la inteligencia inicia el vuelo hacia el futuro.

De cualquier manera que sea si hay un pasado que se reconstruye para hacer de él la base del futuro, en el proceso penal ese pasado es el del hombre en la jaula. No existe otra razón para establecer la certeza del delito, más que la de infligirle la pena. El delito está en el pasado, la pena está en el futuro. Dice el juez: debo saber lo que has sido para establecer lo que serás. Has sido un delincuente; serás un preso. Has hecho sufrir, sufrirás. No has sabido usar de tu libertad; serás encerrado. Yo tengo en las manos la balanza; la justicia quiere que tanto como pesa tu delito, pese tu pena.

Pero ocurre que, al llegar a este punto, sucede algo que complica el problema. Esto depende del hecho de que los delitos no es bastante con reprimirlos; es necesario prevenirlos. El ciudadano debe saber antes cuáles serán las consecuencias de sus actos, para poderse conducir. Es necesario también para los hombres algo que los espante, para salvarlos de la tentación, como se espantan los gorriones con el espantapájaros a fin de que no se coman el grano. La balanza, así, pasa de las manos del juez a las del legislador. El peso se hace antes de que el ladrón robe, a fin de que se abstenga de robar. Pero si se hace antes se hace no sobre el *hecho*; sino sobre el *tipo*. El tipo es un concepto, no un hecho; una abstracción, no una realidad; algo previsto, no algo acaecido. Ahora bien, el prever es, al mismo tiempo, más o menos que el ver: más que el ver, porque se agrega al ver; menos porque no se ve todo aquello que, cuando haya acaecido, se verá. En suma, es un ver indistinto; se distinguen las grandes líneas; pero el acaecimiento reserva siempre, aun cuando sea conforme a la previsión, algo de nuevo.

El derecho penal se debate, pues, en ese dilema: o se pone la balanza en manos del juez y entonces, si el juez es justo, el peso será justo pero el derecho no sirve, o sirve poco, para su función preventiva; o se reserva la balanza al legislador, y entonces opera la prevención en el sentido de que el ciudadano sabe antes a qué consecuencias se expone al desobedecer la ley, pero el peso corre el riesgo de no ser justo, porque lo que se pone en uno de los platillos es el *tipo*, no el *hecho*; y el tipo, decíamos, es una abstracción, no una realidad. Entre los dos extremos del dilema la solución no puede ser más que de compromiso: por salvar la cabra y las coles no se salvan ni la cabra ni las coles (no es posible nadar y guardar la ropa).

Por eso, en primer lugar, la técnica penal recurre a la multiplicación de los tipos. Hay una especie de muestrario cada vez más numeroso, que se pone a disposición del juez a fin de que él esté en situación de encontrar el tipo que se asemeja más al hecho en su concreción. Y puesto que la vida social, y con ella la delincuencia, se complica cada vez más, también el Código Penal, incluso el conjunto de las leyes penales (las cuales, actualmente, no están ya todas ellas contenidas en el Código, y hasta puede decirse que la mayor parte de ellas están fuera), se convierte en una especie de laberinto. El juez, naturalmente, debe saberse mover en este laberinto; para eso debe ser un jurista. Lo que no deja de ser un peligro, y tanto es así que las Cortes de Assises (tal es el nombre que se da a los colegios juzgadores llamados a juzgar los grandes delitos) están compuestas en parte, incluso en la menor parte, por juristas; y, en cuanto al resto, por profanos en derecho. El peligro está precisamente en esto, en que, habituado al tipo, el juez jurista se olvida del hombre; que viva, en suma, en un mundo abstracto, en lugar de vivir en el mundo concreto; que confunda los fantoches con los hombres y los hombres con los fantoches.

El hombre de la calle, al asistir a un proceso, tiene la impresión fastidiosa, y alguna vez angustiosa, de esta separación de la vida; cuando oye disputar en torno a la interpretación de este o de aquel artículo del Código Penal o del Código de Procedimiento Penal, es inevitable que se pregunte si este mecanismo tan implicado y complicado no es una cosa diabólica creada por gente que ha perdido el don de la simplicidad y del buen sentido; gran parte de la mala fama de los abogados y, en general, de los hombres de leyes, se debe a esta desazón y a este disgusto. Se produce, de este modo, una fractura entre el pueblo y la justicia, o mejor dicho la administración de la justicia, que es ciertamente nociva para la civilidad. No hay otra cosa que hacer para restablecer la confianza más que advertir que la justicia, tal como se puede obtener por la obra de los jueces en el proceso, es aquel poco de justicia que a nosotros pobres hombres, limitados y finitos como somos, nos está consentida. No hay nada más peligroso que cultivar las ilusiones en torno a este punto fundamental del problema de la civilidad.

El derecho no puede hacer milagros y el proceso todavía menos. Mientras las leyes son obedecidas, todo va bien, o, al menos, permanecen ocultos los defectos; es la desobediencia la que los hace salir fuera. El proceso, se ha dicho, y el proceso penal más que ningún otro, descubre las contradicciones del derecho, el cual se ingenia como puede para superarlas. Ahora ha salido a la luz el contraste, en materia de la determinación de la pena, entre el juez y el legislador; a los fines de la represión, esta determinación debería corresponder al juez; a los fines de la prevención, al legislador. Aparece un mecanismo empírico que ata las manos al juez, pero no excesivamente: la ley, en vez de una pena fija, establece por lo general un mínimo y un máximo, que marcan los límites de la libertad del juez: una especie de libertad vigilada; en todo caso una medida, que no consigue, no ya resolver, ni siquiera ocultar la contradicción. Pero no hay nada que hacer: es la eterna antinomia entre lo uno y lo múltiple, dentro de la cual se debate la vida del hombre.

Por esta antinomia, que el hombre no es capaz de resolver, está viciado también el derecho y, sobre todo, el proceso. En el momento en que el juez ha logrado dar cumplimiento a su cometido de historiador (y hemos visto las dificultades que se oponen a su cumplimiento), cuando ha reconstruido el pasado y debe adecuar a este el porvenir, cuando pesa sobre él con mayor gravedad la exigencia de la justicia, que consiste precisamente en esta adecuación, en el momento en que tendría necesidad a tal fin de toda su libertad, he aquí que la ley le ata las manos constriñéndolo a juzgar, en lugar de un hombre, un fantoche. Esta sustitución, en el momento álgido del drama, denuncia una vez más la pobreza de la justicia humana. Hay, entre otros, casos en los que es claro que ha bastado el proceso, o mejor aquella fracción del proceso que se ha desarrollado para reconstruir la historia, con todos sus sufrimientos, con todas sus angustias, con todas sus vergüenzas, para asegurar el porvenir del culpable en el sentido de que ha comprendido su error y no solo lo ha comprendido sino que, con aquel peso de sufrimiento, de angustia, de vergüenza, lo ha expiado, y el resto del proceso, su prolongación por la condena y con la ejecución de ella no es otra cosa que una pérdida total para el individuo y para la sociedad; si el juez fuese libre, estos son los casos en que diría como

Jesús a la adúltera: "Ve y no peques más"; pero tiene desgraciadamente atadas las manos.

No se debe protestar contra la ley. De acuerdo, en cuanto a esto: no se puede protestar contra la necesidad; pero no se puede ocultar que derecho y proceso son una pobre cosa y es esto verdaderamente, lo que se necesita para hacer avanzar la civilidad.

IX

LA SENTENCIA PENAL

Reconstruida la historia, aplicada la ley, el juez absuelve o condena. Dos palabras que se oye pronunciar continuamente, pero cuyo significado profundo es necesario descubrir.

Deberían querer decir: el imputado es inocente o culpable. El juez debe, sin embargo, escoger entre el *no* del defensor y el *sí* del ministerio público. Pero ¿y si no puede escoger? Para escoger debe haber una certeza, en sentido negativo o en sentido positivo: ¿y si no la hay? Las pruebas deberían servir para iluminar el pasado, donde antes había oscuridad: ¿y si no sirven? Entonces dice la ley, el juez absuelve por *insuficiencia de pruebas*; ¿y qué quiere decir eso? No que el imputado es culpable, pero tampoco que es inocente; cuando es inocente, el juez declara que *no ha cometido el hecho* o que *el hecho no constituye delito.* El juez dice que no puede decir nada, en estos casos. El proceso se cierra con un *nada de hecho.* Y parece la solución más lógica de este mundo.

Bien: ¿pero y el imputado? Que uno sea imputado quiere decir que probablemente, ya que no ciertamente, ha cometido un delito; el proceso o, mejor, el debate sirve, precisamente, para resolver la duda. En cambio, cuando el juez absuelve por insuficiencia de pruebas, no resuelve nada: las cosas quedan como antes. La absolución por no haber cometido el hecho o porque el hecho no constituye delito, cancela la imputación; con la absolución por insuficiencia de pruebas, la imputación subsiste. El proceso no termina nunca. El imputado continúa siendo imputado por toda la vida. ¿No es un escándalo también esto? Nada menos que una confesión de la impotencia de la justicia. Pero ¿puede la justicia confesarse impotente? Y, sin embargo, si lo es, ¿no es justa la confesión? ¿No sería peor si el juez declarase la inocencia o la culpabilidad cuando no está convencido de la una ni de la otra? La sentencia se resolvería en una mentira. El proceso llega así a un callejón sin salida, del cual no es posible escapar. O mentir o declarar la quiebra: una vía intermedia no existe. Y no se puede censurar ni a las leyes ni a los hombres: así es la necesidad y lo que se puede decir es solamente que, también a este respecto, el proceso penal es una pobre cosa; y debemos sacar de ello las consecuencias en cuanto al comportamiento que se debe observar respecto de aquellos que resultan afectados.

Tanto más grave es la deficiencia, que ahora se ha puesto en claro, en cuanto si el imputado no es culpable, la declaración de su inocencia es el único modo para reparar el daño que injustamente se le ocasionó. Verdaderamente, si no ha cometido el delito, quiere decir no tanto que debe ser absuelto cuanto que no debía ni siquiera ser imputado. No habrá existido malicia por parte de quien lo ha sospechado; habrá sido uno de aquellos errores a los cuales, desgraciadamente, nosotros los hombres estamos irreparablemente sujetos; la culpa será de las circunstancias que han engañado a la policía, al ministerio público, al juez instructor; pero, en suma, ha existido un error; la sentencia de absolución por no haber cometido el hecho o por inexistencia de delito contiene no solamente la declaración de la inocencia del imputado sino, al mismo tiempo, la confesión del error cometido por aquellos que lo han arrastrado al proceso. Por poco que se reflexione, aparece claro que los errores judiciales, aun de gran importancia, son mucho más numerosos de lo que se cree. Todas las sentencias de absolución, excluida la absolución por insuficiencia de pruebas, implican la existencia de un error judicial. La gente, cuando oye hablar de error judicial, piensa en el pobre Panadero, esto es, en el error descubierto después de la condena, durante la expiación e incluso cuando el condenado ha terminado de penar. Estos son, ciertamente, los casos más dolorosos; pero forman parte de una serie incomparablemente más numerosa. Con las estadísticas en la mano, y puesto que todas las providencias de absolución se resuelven en la comprobación de un error judicial, vendrían a la luz que haría estremecer.

La gente, cuando el juez absuelve, especialmente en los procesos célebres, ensalza a la justicia; y tiene razón, porque es siempre una fortuna y un mérito darse cuenta del error; pero entre tanto el error ha ocasionado sus daños ¡y qué daños! Estos daños ¿quién los repara? No se debe confundir, ciertamente, la culpa con el error profesional; esto quiere decir que las equivocaciones, que no se deban atribuir a impericia, a negligencia, a imprudencia, sino, por el contrario, a la insuperable limitación del hombre, no dan lugar a responsabilidad de quien las comete; pero es precisamente esta irresponsabilidad la que señala otro aspecto en demérito del proceso penal. Es un hecho que este terrible mecanismo, imperfecto e imperfectible, expone a un pobre hombre a ser llevado ante el juez, investigado, no pocas veces arrestado, apartado de la familia y de los negocios, perjudicado por no decir arruinado ante la opinión pública, para después ni siquiera oír que se le dan las excusas por quien, aunque sea sin culpa, ha perturbado y en ocasiones ha destrozado su vida. Son cosas que desgraciadamente suceden; y una vez más, aun sin protestar, ¿no deberemos al menos reconocer la miseria del mecanismo, que es capaz de producir estos desastres, y que es hasta incapaz de no producirlos? Menos mal cuando el error es reconocido relativamente pronto, antes del debate, con la absolución por el juez instructor o, a lo más, al final del debate de primer grado; pero no son raros los casos en los cuales, después de una primera condena, la absolución llega más tarde, al final de un *vía crucis*, que no es raro dure algunos años; aquel diplomático italiano, que fue acusado de haber matado a la mujer en Thailandia, ha pasado catorce años en prisión preventiva antes de que, con la absolución pronunciada, hace tiempo, por la Corte de Apelación de Bolonia, se haya reconocido su inocencia.

Es pues, precisamente la hipótesis de la absolución la que descubre la miseria del proceso penal, el cual, en tal caso, tiene el único mérito de la confesión del error. El error del cual la gente no se da cuenta, y no solo los hombres de la calle, sino incluso los expertos del derecho: no conozco un jurista, con excepción de quien os habla, que haya advertido que toda sentencia de absolución es el descubrimiento de un error. De este modo, o por negligencia o por falso pudor, se ocultan las miserias del proceso penal, que deben, en cambio, ser conocidas y sufridas a fin de que se califique, como se debe, a la justicia humana.

Por el contrario, cuando el juez está convencido de la culpabilidad del imputado, entonces condena. Pero ¿y si se hubiese equivocado? La amenaza del error pende, como la espada de Damocles, sobre el proceso. Resuena, en el fondo de toda sentencia, la divina admonición: "no juzguéis". La ley hace lo que puede para garantizar la sentencia contra el error. No se trata aquí de someter a una crítica las medidas que la ley toma a este respecto. Y tampoco de describirlas: la gente sabe, poco más o menos que la sentencia de primer grado puede ser revisada por el juez de apelación, y la sentencia de apelación por la Corte de Casación: y no sería en absoluto útil explicar este mecanismo complicado y tampoco hacer observar sus graves, después de todo, irremediables defectos. No se debe desconocer que, no obstante estos defectos, el mecanismo hasta un cierto punto sirve para garantizar el proceso contra el error: hasta el punto, aproximadamente, en que es posible; pero una garantía absoluta no se puede dar. También el juicio de los jueces superiores está expuesto, como el de los jueces inferiores a este peligro, tanto más que si de un lado, ellos se encuentran, respecto de aquellos, en una posición ventajosa, de otro lado, especialmente en cuanto al juicio histórico, los medios de que dispone son todavía más imperfectos; basta pensar que en el proceso de apelación, de ordinario, no son examinados de nuevo los testigos y el juicio se forma sobre las actas, las cuales no dan ni pueden dar de los testimonios más que una representación mutilada, a menudo deformada, y hasta incomprensible.

Sin embargo, al llegar a un cierto punto, es necesario terminar. El proceso no puede durar eternamente. Es un final por agotamiento, no por obtención del objeto. Un final que se asemeja a la muerte más que al cumplimiento. Es necesario contentarse. Es necesario resignarse. Los juristas dicen que, al llegar a un cierto punto, se forma la cosa juzgada; y quieren decir que no se puede ir más allá. Pero dicen también: *res iudicata pro veritate habetur*, la cosa juzgada no es la verdad, pero se considera como verdad. En suma, es un subrogado de la verdad. Estas cosas, que los juristas saben, también los demás las deben saber. Después de todo, es fácil que, con aquel aparato solemne de la cátedra, de las togas, de la jaula, de los penachos de los carabineros detrás del presidente, del ministerio público que acusa, de los abogados que defienden, del público que asiste tenso y apasionado, aquellos se hagan la ilusión de que la que sale de los labios de los jueces, al final, sea la verdad. Y puede también ocurrir que sea la verdad; sin embargo, nadie lo sabe; puede ser así, pero puede también no serlo.

En Asís, un día, hablando del preso, lo he definido con estas palabras: *uno que puede ser culpable*. He tenido la impresión de que quienes me escuchaban hayan quedado horrorizados. Pero son las cosas que se deben saber a los fines de la civilidad.

X

EL CUMPLIMIENTO DE LA SENTENCIA

Como quiera que sea, absolución o condena, el proceso termina cuando el juez ha dicho la última palabra.

También esta es una impresión, al menos en parte, falaz. Termina, es cierto, con la absolución: quiero decir, cuando la absolución se convierta en cosa juzgada. Y dejemos estar si es justo que ocurra así; es siempre posible que más tarde surjan nuevas pruebas, de las cuales resulte con certeza que el imputado absuelto era culpable; el por qué, en este caso, él debía gozar de la impunidad, es algo que difícilmente se comprende; pero no es la crítica de la ley lo que yo quiero hacer desde este púlpito.

En cambio, en el caso de condena, el proceso no termina en absoluto. Cuando se trata de condena, nunca está dicha la última palabra: el imputado absuelto, aun cuando surjan nuevas pruebas contra él, está actualmente, bien o mal, a seguro; pero el condenado, en ciertos casos (y dejemos estar, también aquí la crítica de la ley, que es igualmente, en este aspecto, muy imperfecta) tiene derecho a la revisión o sea, con muchas cautelas, a la reapertura del proceso.

Como quiera que sea, y aun prescindiendo de esta reviviscencia, la condena no significa en absoluto el final del proceso: quiere decir, por el contrario y a diferencia de la absolución, que el proceso continúa; solamente que su sede se transfiere del tribunal a la penitenciaría. Lo que se debe entender es que también la penitenciaría está comprendida, con el tribunal, en el palacio de justicia. Es una idea esta que nada tiene de clara aun en la mente de los juristas; pero debe ser aclarada en interés de la civilidad. Incluso aquí se presenta el nudo del problema en el terreno de la civilidad.

Le ocurre a la gente, incluidos los juristas, en cuanto a la condena, algo análogo a lo que ocurre cuando un hombre muere: el pronunciamiento de la condena, con el aparato que todos conocen, más o menos, es una especie de funeral; terminada la ceremonia, una vez que el imputado sale de la jaula y lo toman en su poder los carabineros, se reanuda para cada uno de nosotros la vida cotidiana y, poco a poco, en el muerto no se piensa más. Bajo un cierto aspecto se puede también asemejar la penitenciaría al camposanto; pero se olvida que el condenado es un sepultado vivo.

No es necesario mucho para comprender que, en vez de camposanto, debería ser un hospital; pero basta haber entendido esto para descubrir el error de quien piensa que, con la condena, el proceso haya terminado. La condena, mirándolo bien, no es más que una diagnosis: ¿no es también la diagnosis un juicio? El médico cuando, al final de sus investigaciones, establece la existencia de la enfermedad, pronuncia también él una sentencia, y hasta una condena; también a él le ocurre, lo mismo que al juez, absolver o condenar, según que contemple en el paciente un sano o un enfermo. Pero ¿a quién se le ocurre que el médico, con la diagnosis haya llenado su cometido? El juez, con la sentencia de condena, hace la diagnosis y prescribe la curación: también la curación, pues, es obra de justicia; ¿o es que tal obra debe detenerse cuando ha comprobado que alguno es un delincuente sin preocuparse de hacer todo cuanto es posible a fin de que se convierta en un hombre honrado?

La penitenciaría es, verdaderamente, un hospital, lleno de enfermos del espíritu, en lugar de enfermos del cuerpo, y, alguna vez, también del cuerpo; pero ¡qué hospital tan singular! En el hospital, antes que nada, el médico, cuando se da cuenta de que la diagnosis es equivocada, la corrige y rectifica la curación. En la penitenciaría, en cambio, está prohibido actuar así. No es un hospital, donde no existan médicos ni enfermeras: el director de la penitenciaría y los otros, que le ayudan en la dirección, no están desprovistos en absoluto de aquellos conocimientos que puedan servir para el conocimiento de sus enfermos; y a menudo atienden a ello con inteligencia, con paciencia y hasta con abnegación. Sin embargo, a estos médicos la diagnosis del juez les está impuesta con la autoridad, precisamente, de la cosa juzgada; la experiencia de la marcha de la enfermedad no cuenta para nada: el juez ha dicho diez, veinte, treinta años, y diez, veinte, treinta deben ser, aun cuando la experiencia demuestre que son demasiados o que son demasiado pocos porque, aun antes del período establecido, el enfermo ha recuperado la salud o bien, por el contrario, el período ha transcurrido inútilmente.

Dicen, con facilidad, que la pena no sirve solamente para la redención del culpable sino también para la admonición de los otros, que podrían ser tentados a delinquir y que por eso se los debe asustar; y no es este un discurso que deba tomarse a broma; pues al menos deriva de él la conocida contradicción entre la función represiva y la función preventiva de la pena; lo que la pena debe ser para ayudar al culpable no es lo que debe ser para ayudar a los otros; y no hay, entre estos dos aspectos del instituto, posibilidad de conciliación. Lo menos que se puede concluir de ello es que el condenado, el cual, aun habiendo quedado redimido antes del término fijado para la condena, continúa en prisión porque debe servir de ejemplo a los otros, es sometido a un sacrificio por interés ajeno; este se encuentra en la misma línea que el inocente, sujeto a la condena por uno de aquellos errores judiciales que ningún esfuerzo humano conseguirá nunca eliminar. Bastaría para no asumir frente a la masa de los condenados aquel aire de superioridad que desgraciadamente, más o menos, el orgullo, tan profundamente anidado en lo más íntimo de nuestra alma, inspira a cada uno de nosotros; ninguno, verdaderamente sabe, en medio de ellos, quién sea o no sea culpable y quién continúe o no continúe siendo.

Comoquiera que sea, aun cuando la pena debe servir para asustar a los otros, debería al mismo tiempo servir para redimir al condenado; y redimirlo quiere decir curarlo de su enfermedad. A cuyo fin se debería saber en qué consiste su enfermedad. Aquí las cosas que se han de decir son las más simples y las más amargas; mientras la medicina del cuerpo ha realizado progresos maravillosos, la del espíritu se encuentra todavía en un estadio infantil. Cristo, hasta ahora, sobre este tema, ha predicado en el desierto. Al colocar al preso, junto al enfermo, en la cima de la escala de los pobres. Él ha dicho bien claro que la delincuencia es una forma de pobreza: al hambriento le falta la comida, el agua al sediento, el vestido al desnudo, la casa al vagabundo, la salud al enfermo; ¿qué es lo que le falta, pues, al preso? Cristo, al invitarnos a visitarlo ha hablado claro: la visita es un acto de amistad. Es muy simple: ¿no es el delito, en cambio, un acto de enemistad? Parece imposible que el estudio del delito haya presentado tantas dificultades y tantas complicaciones. ¿Cómo no recordar las otras palabras de Cristo: —"te doy las gracias, Padre, porque estas cosas las has revelado a los pequeños y las has ocultado a los sabios"? Es necesario ser pequeños para comprender que el delito se debe a una falta de amor. Los sabios buscan el origen del delito en el cerebro; los pequeños no olvidan que, precisamente como ha dicho Cristo, los homicidios, los robos, las violencias, las falsificaciones vienen del corazón. Es al corazón del delincuente al que, para curarlo, debemos llegar. Y no hay otra vía para llegar a él sino la del amor. La falta del amor no se colma más que con el amor. "*Amor che a nullo amato amar perdona*". La cura de la que el preso tiene necesidad es una cura de amor.

¿Y el castigo? La pena, sin embargo, debe ser un castigo. De acuerdo; pero el castigo no es en absoluto incompatible con el amor. El padre que no emplea el bastón no ama al hijo, se dice en la Biblia. El castigo, para un corazón de padre, exige más amor que el perdón, precisamente porque, al castigar al hijo, se castiga a sí mismo; no hay corazón de padre que no sangre por el sufrimiento del hijo. El amor por el condenado no excluye en absoluto la severidad de la pena. Bajo este aspecto, por fortuna, no existen antinomias en el instituto de la pena, sino solamente una batalla a combatir, en nombre de la civilidad.

La batalla no es por la reforma de la ley sino por la reforma de la costumbre. La ley, especialmente con las modificaciones más recientes, hace por el condenado lo que puede. No es necesario pretender todo del Estado. Desgraciadamente este es uno de los hábitos que se van consolidando cada vez más entre los hombres; y también este es un aspecto de la crisis de la civilidad. Sobre todo no se debe pedir al Estado lo que el Estado no puede dar. El Estado puede imponer a los ciudadanos el respeto, pero no les puede infundir el amor. El Estado es un gigantesco *robot*, al cual la ciencia le ha podido fabricar el cerebro pero no el corazón. Le corresponde al individuo sobrepasar los límites, en los cuales debe detenerse la acción del Estado. Al llegar a un cierto punto, el problema del delito y de la pena deja de ser un problema jurídico para seguir siendo solamente, un problema moral. Cada uno de nosotros está comprometido, personalmente, en la redención del culpable y responde de ella. A darle, en último análisis, tal conciencia y a hacerle sentir tal responsabilidad están dirigidas estas conversaciones. Ya desde el principio, mientras se desarrolla el proceso para la comprobación del delito, antes, en suma, de la absolución o de la condena, el comportamiento de cada uno de nosotros puede tener una influencia notable para facilitar su curso y, en todo caso, para disminuir los sufrimientos que el proceso ocasiona. En otros términos, cada uno de nosotros es un colaborador invisible de los órganos de la justicia. Pero, hasta la condena, puede bastar el respeto.

Después de la condena no basta ya. El condenado es el pobre, por excelencia, en su desnudez. No hay una necesidad más angustiosa que la necesidad del amor. Es necesario verlos, dentro del burdo uniforme a grandes rayas, hecho para separarlos de los otros hombres, alzar sobre nosotros una mirada, en la cual se expresa, aun cuando trate de ocultarse, el sentido mortífero de su inferioridad, para comprender el bien que puede proporcionar a ellos una sonrisa, una palabra, una caricia. Un bien del cual en un primer momento no se dan cuenta. Al cual incluso pueden, al principio, tratar de resistir, pero que después, poco a poco, se insinúa en ellos, se apodera de ellos, los conquista, los endulza, exprime de su corazón sentimientos que parecían sepultados y de sus labios palabras que parecían olvidadas. Es necesario haber vivido esta experiencia para comprender que nuestro comportamiento frente a los condenados es el índice más seguro de nuestra civilidad.

XI

LA LIBERACIÓN

Finalmente, para el preso, llega el día de la liberación. Y entonces, el proceso verdaderamente ha terminado.

Es decir: el día de la liberación puede llegar de seguro; pero a condición de que se entienda la verdadera liberación de la prisión, que es nuestra finitud, y no quiero tampoco decir de nuestro egoísmo, ya que basta decir de nuestro yo; la puerta está siempre abierta para evadirse y no son necesarios grandes esfuerzos a tal objeto; basta sentir el peso de nuestra soledad y con él la necesidad del que está próximo; cuando se siente la necesidad del otro se termina por sentir la necesidad de Dios. Muchos conciben a Dios como infinitamente distante y se imaginan que es necesario para alcanzarlo un interminable camino; pero no recuerdan la respuesta que Él ha dado a BLAS PASCAL: puesto que me buscas, me has encontrado ya. Dios está siempre próximo al hombre; lo infinito está al borde de lo finito; no es necesario más que reconocerlo, lo que, probablemente, en la cárcel es más fácil que fuera. Una vez reconocido, la cárcel se convierte en un alcázar. En este sentido, verdaderamente, la liberación está al alcance de la mano de todo condenado. No existen ni rejas ni guardianes que le puedan privar de liberarse. Pero no es de esto de lo que ahora quiero hablar. La ocasión vendrá dentro de poco.

Porque si, por el contrario, la liberación se entiende en sentido físico, en lugar de espiritual, su día puede también no llegar. El pensamiento corre ahora al ergástulo, reclusión que dura por toda la vida: al ergastulano la puerta de la cárcel no se le abre sino para dejar pasar su cadáver. Esto quiere decir que para él, el proceso no tiene fin. Y puesto que la penitenciaría es, o debería ser, un sanatorio para recuperar las almas enfermas, la condena al ergástulo es la declaración de que el alma de un hombre está perdida para siempre. El tono lúgubre de estas palabras inspira un sentido de horror; pero no para aquel a quien están dirigidas, sino para aquel que las ha pronunciado. La Corte de casación italiana en secciones unidas, que es la más alta expresión de la justicia humana en nuestro país, no solo ha negado, hace pocos meses lo inhumano del ergástulo cuanto la seriedad de quien ha sostenido ese carácter inhumano. Paciencia. No hay que levantarse ni inquietarse contra este juicio. También la Casación es un juez, y como todos los jueces, puede equivocarse. Desgraciadamente, los jueces yerran tanto más fácilmente cuanto más seguros se crean de no errar. Mientras el magisterio de la Iglesia, si con el proceso de beatificación declara la certeza de elevación de un santo al paraíso, no conoce un proceso dirigido a verificar el precipicio de un réprobo al infierno, y los teólogos, temerosos de escrutar en el corazón de los hombres y más aún en el corazón de Dios, no osan afirmar la condena al infierno ni siquiera de Judas, la magistratura italiana, por la voz de su órgano más insigne, ha declarado conforme a la humanidad el que un hombre sea condenado para toda la vida, esto es, que la pena de reclusión, como la del infierno, no tenga nunca fin. Si fuera necesaria una prueba más de la miseria del proceso, la misma nos ha sido proporcionada.

Pero también para los reclusos no condenados al ergástulo, puede ocurrir que no llegue el día en que salgan vivos de la prisión. Un terrible aspecto de la condena a la reclusión, aun por un período breve, es este de que nadie está seguro de no morir dentro de aquel período. Esto basta para decir que el proceso penal, el cual no cesa con la condena sino que sigue con la expiación, puede durar hasta la muerte. La eventualidad de la muerte en la cárcel es el riesgo más grave del encarcelamiento. Y no porque una interpretación benévola de la disciplina carcelaria no consienta al moribundo el último saludo de sus seres queridos, sino porque aquel morir le trunca la esperanza del retorno al consorcio humano. Esta, la esperanza de entrar de nuevo en el consorcio humano, de despojarse finalmente del horrible uniforme, de asumir de nuevo el aspecto del hombre libre, de retomar su puesto en la sociedad, es el oxígeno que alimenta al preso. Desde el momento en que ha entrado en la prisión, esta es la razón de su vida. En privarlo de ella, está lo inhumano de la condena por toda la vida. El condenado a ergástulo no tiene ni siquiera la conformación de contar los días. Y la de contar los días es la vida del preso.

Pero, desgraciadamente, en la mayor parte de los casos también este esperar es falaz. El proceso, sí, con la salida de la prisión está terminado. Pero la pena, no: quiero decir el sufrimiento y el castigo.

Se puede pensar, especialmente en cuanto a las condenas de larga duración, en las dificultades ocasionadas al liberado de la cárcel por el cambio de las costumbres, de las relaciones interrumpidas, de los ambientes modificados todo esto no puede dejar de determinar una crisis, que podría también llamarse la crisis del renacimiento. Si no fuese porque esto, sin embargo, sería poca cosa.

Por el contrario, en la mayor parte de los casos, no se trata de una crisis. La cuestión es mucho más grave. El preso, al salir de la prisión, cree no ser ya un preso; pero la gente, no. Para la gente él es siempre un preso, un encarcelado; a lo más, se dice *ex carcelado*; en esta fórmula está la crueldad y está el engaño. La crueldad está en pensar que, tal como uno ha sido, debe continuar siendo. La sociedad clava a cada uno a su pasado. El rey, aun cuando según el derecho no sea ya rey, es siempre rey; y el deudor, aun cuando haya pagado su deuda, es siempre deudor. Este ha robado; lo han condenado por esto; ha cumplido su pena, pero [...].

En ese *pero*, decía, está la crueldad y está el engaño. Pero podría robar todavía: *ergo*, yo no le doy trabajo. Así razona la gente. Y nada cuenta que, al razonar así, ante todo, en lugar de razonar se aparte de todo razonamiento; si razonase, se daría cuenta de que no ya el futuro depende del pasado, sino el pasado del futuro; si esto no fuese verdad, se negaría la redención e incluso la resurrección. La fórmula del *ex* resulta sacrílega precisamente por esto. Pero los hombres, que lo ven todo al revés, continúan estando persuadidos de que cada uno seguirá siendo como ha sido; y no la gente vulgar solamente, sino también los hombres de gran cultura, e incluso aquellos que hacen profesión de cristianismo. De cualquier manera, y aunque este fuese un razonar justo, olvidarían ellos que, cuando se llega a un cierto punto, no basta razonar; la razón es necesaria; pero no es suficiente. Si no existiese más que la razón, no existiría la caridad. La caridad, esencialmente, es locura. Si San Francisco hubiese razonado, ¿habría nunca besado al leproso, con el riesgo de contraer el contagio? Ciertamente, eso de tomar a su servicio un ex ladrón en el propio establecimiento o en la propia casa, es un riesgo; podría estar pero también podría no estar curado. ¡El riesgo de la caridad! Y la gente razonable trata de evitar los riesgos. *In dubiis abstine.* Así el ex ladrón queda sin trabajo. Llama a esta puerta; llama a aquella otra: son todas personas razonables las que podrían darle el modo de ganarse el pan. Estas personas razonables quieren quedar garantizadas; para su garantía ¿no se ha instituido el certificado penal? ¡Fuera, pues, el certificado penal! El ex ladrón, así, está marcado en la frente: ¿quién ha de darle trabajo? ¡Ah las ilusiones de la cárcel, cuando se contaban ansiosamente los días que faltaban para la liberación! ¿El Estado? El Estado es un ser razonable también. Cuando se trata de proclamar los principios, especialmente en régimen de democracia, el Estado es el primero en dar el ejemplo: "el imputado no es considerado culpable mientras no sea condenado por sentencia definitiva"; "Italia es una República fundada sobre el trabajo"; "La República tutela el trabajo en todas sus formas". Pero cuando se trata de tutelar sus intereses, también el Estado arruga la frente. Un empleado público está bajo la sospecha de haberse apropiado de los fondos del erario y es sometido a proceso penal; puede ocurrir que no sea cierto; puede también tratarse de poca cosa; puede ser que él se haya encontrado cargado de familia, en los tiempos que corren, en una situación desesperada. Puede ser, pero la ley es la ley: mientras tanto, suspendido de empleo y sueldo hasta la sentencia definitiva; la Constitución lo considera todavía inocente, pero un inocente que no tiene ya derecho a ganarse el pan. Se sigue el proceso y se le infligen tres años de reclusión; si este es su castigo, una vez transcurridos, debería volver a ser aquello que era antes; en cambio, no: el empleo queda definitivamente perdido; para él, la salida de la cárcel es el principio en vez del final de un calvario. Un maestro, afectado por una condena, no puede volver a trabajar como maestro, después de haberla cumplido. Un capitán de barco, salido de la prisión, no puede volver a ejercer nunca su profesión. No son ejemplos inventados; los he tomado los tres, de mi experiencia más reciente. Por lo demás, no habría ni siquiera necesidad de ello, porque se trata de cosas más que sabidas por todos: ¿quién ignora que para aspirar a un empleo público, es necesario que el certificado penal sea limpio?

Y ni siquiera se puede discutir que esta es la exigencia más razonable de este mundo. Ni que, si el Estado se comporta así, los ciudadanos no tienen razón para imitarlo. Solo, en términos de razón, igualmente se debe reconocer que esto del preso, que cuenta los días soñando en la liberación, es nada más que un sueño; serán necesarios muy pocos días después que la puerta de la prisión se haya abierto, para despertarlo. Entonces, desgraciadamente, día por día su visión del mundo se invierte: en fin de cuentas se estaba mejor en galeras. Este lento deshojarse de su ilusión; este cambio de las posiciones, este disgustarse de la que él creía ser la libertad, este retornar del pensamiento a la prisión, como a aquella que es, actualmente, su casa, se describe magníficamente en una conocida novela de HANS FALLADA; pero la gente no debe creer que sean situaciones creadas por la fantasía del escritor: la invención corresponde, desgraciadamente, a la realidad.

Y tampoco aquí, debemos decirlo una vez más, se quiere protestar en absoluto contra la realidad. Basta con conocerla. El resultado de haberla conocido es este: la gente cree que el proceso penal termina con la condena, y no es verdad; la gente cree que la pena termina con la salida de la cárcel, y no es verdad; la gente cree que el ergástulo es la única pena perpetua y no es verdad. La pena, si no propiamente siempre, en nueve de cada diez casos, no termina nunca. Quien ha pecado está perdido. Cristo persona, pero los hombres no.

XII

FIN: MÁS ALLÁ DEL DERECHO

Quizá ahora, al final de estos coloquios, se haya comprendido más claramente de lo que podía comprenderse al principio de ellos, el valor que tiene el problema penal para la civilidad.

Civilidad, *humanidad*, *unidad* son una misma cosa: se trata de la posibilidad que han alcanzado los hombres de vivir en paz. Todos nosotros tenemos un poco de ilusión de que los delincuentes son los que perturban la paz y de que la perturbación puede eliminarse separándolos de los otros; así el mundo se divide en dos sectores: el de los civiles, y el de los inciviles; una especie de solución quirúrgica del problema de la civilidad. Aquí la idea se expone, como ocurre siempre cuando se trata de simplificar la expresión, en términos paradógicos, pero no sería difícil demostrar que la idea corresponde exactamente al modo de pensar común, empírico, científico y hasta filosófico.

Está bien: ¿cómo se hace para distinguir a los inciviles de los civiles? El único medio para distinguir es el juicio; y es necesario hacer la experiencia amarga del juicio penal para comenzar a comprender la admonición de Jesús. Desgraciadamente, casi todas las palabras de Jesús son todavía incomprendidas. Esas palabras están demasiado cargadas de pensamiento para que nosotros pobres hombres, las podamos gustar. Ellas nos deslumbran como cuando se trata de mirar el sol. Los intérpretes tendrían el oficio de descomponer la luz en un arco iris; pero son, al fin y al cabo, pobres hombres también ellos. Ciertamente, entre las proposiciones del Evangelio, una de las más paradójicas es el *nolite iudicare*. Todo el ordenamiento del derecho, cuya esencia es el juicio, y del proceso en particular, parece que contradiga a esa proposición. Es natural que aquellos pensadores que se niegan a reconocer valor jurídico alguno al Evangelio, encuentren en la desvalorización del juicio su más firme punto de apoyo. Pero bastaría un poco de experiencia penal para corregir sus ideas. Se ha dicho que el proceso es aquel instituto en el cual se manifiestan todas las deficiencias y las impotencias del derecho; se puede agregar que el penal es la especie que pone mejor de manifiesto las deficiencias y las impotencias del proceso. A medida que la experiencia del proceso penal se profundiza y se afina, se comienzan a apreciar, en el esplendor alucinante de la admonición divina, las líneas de la verdad. Por lo que a mí respecta debo a esa admonición el milagro de haber renacido.

¿Cómo se hace, pues, para distinguir los inciviles de los civiles por medio del frágil juicio humano? La primera cosa que enseña la experiencia penal es que la penitenciaría no es diversa en absoluto del resto del mundo, tanto en el sentido de que la penitenciaría es un mundo como en el sentido de que también el resto del mundo es una gran casa de pena. Eso de que dentro de la penitenciaría haya solamente canallas y fuera de ellas solamente hombres honrados, no es más que una ilusión;

como también es una ilusión el que un hombre pueda ser todo canalla o todo persona decente. Oralmente, el proceso penal, entendido en su más amplio sentido, comprensivo del tribunal y del reclusorio, es la más eficaz entre las escuelas de psicología; y, ¿por qué no, también de filosofía? Es esta también una enseñanza de Jesús el cual no desdeñaba sentarse en el mismo banco con los publicanos y con las meretrices; ha sido una meretriz la que, en casa de Simón el fariseo, le ha procurado la alegría de su generosidad, de su devoción, de sus lágrimas; y ha sido un ladrón el que, mientras uno y otro sufrían sobre la cruz, ha esparcido el bálsamo de una palabra de misericordia sobre su corazón traspasado.

Con esto no se niega la necesidad de separar, ya en esta vida, para usar todavía términos evangélicos, las ovejas de los cabritos, los buenos de los malos. Jesús mismo ha reconocido la necesidad de la ley y del Estado; pero toda necesidad es una insuficiencia. En estos coloquios no se ha querido desconocer que del derecho, del proceso, del tribunal, de la penitenciaría, no podemos prescindir; sin ellos, desgraciadamente, los hombres serían todavía peores de lo que son. El prejuicio, por no decir la superstición, contra la que se ha combatido, no es que el derecho sea necesario, sino que el derecho sea suficiente.

De esta superstición, desgraciadamente, está impregnado el pensamiento moderno. También este es uno de los aspectos de la crisis de la civilidad. Todo se pide y todo se espera del Estado; o sea del derecho, no porque Estado y derecho sean la misma cosa sino porque el derecho es el único instrumento del cual, en último análisis, el Estado se puede servir. Si es verdad que cada fase de la civilización tiene su ídolo, el ídolo de la que estamos atravesando es el derecho. Nos hemos convertido en adoradores del derecho. Ahora bien, no existe una experiencia tan idónea como la experiencia penal para apartarse de esta idolatría. Las miserias del proceso penal son un aspecto de la miseria fundamental del derecho. Si he tratado de descubrirlas, el sentimiento que me ha guiado no ha sido el de desacreditar una institución, a la cual he dedicado toda mi vida, sino el de poner en guardia contra su apreciación exagerada. No se trata de desvalorizar el derecho, sino de evitar que sea supervalorado. En suma, de desengañar al hombre de la calle respecto de este punto: que baste tener buenas leyes y buenos jueces para alcanzar la civilidad.

En fin de cuentas, lo que el derecho podría obtener aun cuando fuese construido y maniobrado del mejor modo posible, es que los hombres se respeten unos a otros. Pero el respeto no hace desaparecer la división; y es esta la que hay que superar. Mientras los hombres se juzgan, permanecen divididos. El respeto, en último análisis, se resuelve en lo mío y en lo tuyo; y también el juicio tiende a esta división. Juicio y respeto, aun cuando no lo parezca, son términos correlativos. Cuando el ex ladrón se presenta a mi puerta, no le falto al respeto si le respondo que no hay trabajo para él. La ilusión, y hasta la superstición que hay que desarraigar, es la de que, al obrar así, yo sea un hombre civil. Es necesario habituarse a establecer la diferencia entre el hombre jurídico y el hombre civil.

"Más allá del derecho" es la expresión de la civilidad. También en este camino, que se abre más allá del derecho, es Cristo quien nos guía. Más allá del derecho o más allá del juicio, más allá del juicio o más allá del pensamiento, es la misma cosa. Cristo no se ha limitado a decir: no juzguéis; el relato de San Juan a este respecto completa el relato de San Mateo; "no juzguéis" es el precepto negativo de su enseñanza, "amaos como yo os he amado" es su aspecto positivo. Más allá de la justicia de los hombres está la caridad; justicia y caridad son todo uno solamente en Dios. Más allá del respeto está el amor; el amor, solamente, une.

Pero es necesario reconocer que a los hombres no les resulta más fácil amar que juzgar: débil es en nosotros el juicio, pero débil también el amor. Si no hubiese existido esta debilidad, Cristo no habría tenido razón para venir sobre la tierra. En la mejor hipótesis, cada uno de nosotros tiene en el corazón una dosis m ínima de amor. Cada uno de nosotros es un pabilo humeante; antes que en los otros es en nosotros donde la llama debe ser reavivada. Cristo nos ha enseñado que los pobres han venido al mundo para esto. Cuando en el discurso del juicio final, se ha identificado con ellos, diciendo que el bien que se hace al hambriento, al sediento, al desnudo, al peregrino, al enfermo, al preso se hace a él, ha identificado en el pobre un delegado de Dios. ¿Delegado a qué fin? Al fin, precisamente, de enseñarnos a amar.

El viandante por el camino de Jericó ha sido agredido, depredado y golpeado por los ladrones, en la divina economía de la historia, para que el samaritano probase en él su compasión, de igual manera María Bauly, estaba agonizando ante la gruta de Massebille a fin de que Alexis Carrel abriese su mente a la omnipotencia de Dios. La compasión es el preludio del amor.

También en la pobreza se manifiesta la diversidad, sirena del mundo del discurso sobre el juicio final la clasifica, precisamente, en seis especies diversas. Entre estas la pobreza del preso es, sin duda, la que menos parece reclamar la caridad. El preso hay que admitirlo, repugna como el leproso. La suya es una pobreza oculta, en comparación con la del pobre y con la del enfermo; según una observación superficial nadie llama pobre a un malvado. La cosa cambia de aspecto cuando la observación se hace más profunda y descubre en el malvado un necesitado de amor. Tal es el descubrimiento que permite hacer la experiencia penal. Y es un descubrimiento fundamental para nuestra salvación. Vienen a la luz así las raíces de la pobreza y de la caridad.

Cuando, a través de la compasión, he llegado a reconocer en el peor de los presos un hombre, como yo, cuando se ha disipado aquel humo que me permitía creer ser mejor que él; cuando he sentido posarse también sobre mis hombros la responsabilidad de su delito; cuando hace años, en una meditación del Viernes Santo, ante la Cruz, he sentido gritar dentro de mí: "Judas es tu hermano", entonces he comprendido no solo que los hombres no se pueden dividir en buenos y malos, sino que tampoco se pueden dividir en libres y presos, porque hay fuera de la cárcel prisioneros más prisioneros de los que están dentro de ella, y los hay, dentro de la cárcel, más libres cuando están en la prisión que los que están fuera. Presos lo estamos todos, más o menos, entre los muros de nuestro egoísmo; quizás, para evadirse, no hay ayuda más eficaz que la que nos pueden ofrecer aquellos pobres que están materialmente encerrados dentro de los muros de la penitenciaría. Una vez más tiene razón el padre Charles: "¿Quién piensa en decir gracias, en vez de al rico, cuando hace limosna, al pobre cuando la pide?". No habría creído nunca cuando, todavía casi una criatura comencé a frecuentar el proceso penal, que habría de recibir de él tanto bien.

Después de todo, no es más que un acto de gratitud de todo, no es más que un acto de gratitud el que he realizado con estas conversaciones. No se puede recibir tanto bien sin tratar de dar parte también a los otros. Cada vez me persuado más de que aquello que me ha llevado a conocer las cosas que he tratado de explicaros, ha sido un privilegio. Se trata, para mí, de pagar la deuda contraída al recibir este privilegio. Dice un singular poeta español que "solo la monedita del alma se pierde si no se da". Los tesoros de la materia se custodian, pero los del espíritu se consumen encerrándolos en un cofre. Ahora, al despedirme de vosotros, me siento más ligero.

MONOGRAFÍAS JURÍDICAS

1. *Cómo nace el derecho*
   FRANCESCO CARNELUTTI
2. *Del abuso de los derechos y otros ensayos*
   LOUIS JOSSERAND
3. *El problema del método en la ciencia del derecho penal*
   ARTURO ROCCO
4. *Nieto Arteta y la filosofía moderna en Colombia*
   HERNÁN A. ORTIZ RIVAS
5. *Cómo se hace un proceso*
   FRANCESCO CARNELUTTI
6. *Relativismo y derecho*
   GUSTAV RADBRUCH
7. *La filosofía del derecho en la posmodernidad*
   ARTHUR KAUFMANN
8. *Qué es la costumbre*
   HERNÁN OLANO GARCÍA
9. *La prueba*
   OTTO TSCHADEK
10. *Derecho penal y control social*
    FRANCISCO MUÑOZ CONDE

11. *La posesión*
    MILCIADES CORTÉS
12. *El marco jurídico de la justicia de transición*
    KAI AMBOS
13. *La lucha por el derecho*
    RUDOLPH V. IHERING
14. *¿Qué es una Constitución?*
    FERDINAND LASSALLE
15. *Las miserias del proceso penal*
    FRANCESCO CARNELUTTI
16. *Una teoría de los crímenes contra la humanidad*
    DAVID J. LUBAN
17. *Metodología del derecho*
    FRANCESCO CARNELUTTI
18. *La acción en el sistema de los derechos*
    GIUSEPPE CHIOVENDA

NOTAS

NOTAS

NOTAS

NOTAS

Este libro se terminó de imprimir en los talleres de Nomos Impresores, el día veinticuatro de febrero de dos mil quince, aniversario del fallecimiento de KARL GEORG BRUNS (n. 11, IV, 1915 y m. 12, VII, 1986).

LABORE ET CONSTANTIA